놀이
로
배우
다

놀이로 배우다

최미애 지음

Learn from Play

읽기만 해도 심신이 정화되는 호모루덴스와의 만남

웃으며 배우는 창의적 성장놀이!

바른북스

여는 글

《놀이로 배우다》를 쓰기로 결정하고 나서는 소풍 가기 전날 밤보다 더 설레어 잠을 잘 수가 없습니다.

어릴 적 놀던 추억들이 새록새록 떠올라 정신은 더 말똥말똥해지며 몸과 마음은 벌써 산과 들, 마당과 솔밭 바닷가, 소나무 사이로 뛰어다니기 시작하고 아름다운 고향에서의 놀이에 대한 추억들이 주마등처럼 지나갔습니다.

어찌할 바를 모를 정도로 마음이 들떠 침대에 '누웠다 일어났다'를 반복하다가 오뚝이 놀이하던 생각이 나서 피식 웃었습니다.

잠들기를 포기하고 차라리 글을 쓰는 것이 마음이라도 안정되겠다 싶어 《놀이로 배우다》의 여는 글을 쓰고 있습니다.

대문도 없는 마당이 넓은 새로 지은 집에서 방문마저 활짝 열어젖히고 살았던 좋은 시절로 돌아가려니 제 마음의 문부터 활짝 열게 됩니다.

　어린아이처럼 가슴이 부풀어 본적이 언제인가 돌이켜 보지만 성인이 된 시점으로 한참을 거슬러 올라가 보아도 생각이 잘 나지 않습니다.

　'놀이! 놀이!' 생각만 해도 입꼬리가 저절로 올라가고 어깨가 들썩입니다.

　배우다 시리즈로《식물에게 배우다》의 탈고를 마치고《자연에서 배우다》를 다섯 꼭지 정도 써 내려가다 보니 어릴 적 자연을 벗 삼아 자연에서 뛰어놀던 곳으로 자꾸만 달려가고 있었습니다. 그래서 계획을 바꿔《놀이로 배우다》를 먼저 쓰기로 결정했습니다.

　놀이의 추억이 주마등처럼 스쳐 지나가는 것을 떠올리면서 신나게 쓰다 보니 마음이 들뜨고 앞서나가 키보드 오타가 자꾸 발생하지만 그래도 재미있어 웃습니다.

　이 책은 초보 부모나 방과 후 교육활동 및 교직에 계신 분들께서 어린이들을 대할 때 어떤 마음가짐으로 놀이에 접근해야 하는지에 대한 시사점을 찾게 될 수 있을 것이고, 유치원에서 놀이를 지원하고 계획할 때 쉽게 활용할 수 있을 것입니다.

이제라도 2019 개정 누리교육과정에 교사가 아닌 유아 중심 놀이의 중요성이 확대 된 것은 참 다행이라 생각합니다.

　　《놀이로 배우다》가 놀이 중심의 누리교육과정을 실행할 교사들과 원장님들께 조금이나마 보탬이 되었으면 좋겠다는 마음도 담겠습니다.

　　놀이의 가치와 중요성을 빨리 받아들이고 인식함으로써 보다 적극적으로 놀이를 지원하고 보다 더 자유를 부여하는 놀이 중심 교육을 실천해야만 하는 동기를 부여하게 될 일종의 놀이 원리 같은 책이 되었으면 좋겠습니다.

　　100년을 살아보신 김형석 철학자의 '삶이 무어냐고 묻거든' 강의를 듣기 위해 2019년 7월 20일 양구인문학박물관을 다녀온 뒤로 배운 것을 사회에 환원할 수 있는 방법을 고민해 왔었고 이제 그 답을 찾은 것 같아 마음이 조금 가볍습니다.

　　다자녀 가구 시대에 살아온 저는 그저 아이들이 모이기만 하면 놀이가 저절로 진행되었는데 심각한 출산인구 감소시대에 살고 있는 우리는 이제 노는 것도 비용을 들여야 하는 어처구니없는 놀이문화를 만들어 가고 있습니다.

　　아니 놀이에 비용 투자라도 하니 어쩌면 다행으로 생각해야 하는 건지도 모를 일입니다.

형제자매 친구들이나 부모님이랑 어울려 많이 놀아보지 못했고 혼자 컴퓨터 게임에 익숙했으며 학원으로 내몰리던 세대들이 부모가 되기 시작했습니다.

　　이제는 디지털 게임에 익숙한 그분들이 사람들과 어울려 실컷 놀아보지 못했기에 스스로 어떻게 노는지도 잘 모를 뿐만 아니라 자녀와 놀아주는 것은 더욱 버거워하는 현실을 자주 만나게 됩니다.

　　"미숙아 놀자!" 이 말이 그렇게 정겨운 말인지, 앞마당이 놀이터였고 산과 들, 바다가 놀이터였던 것이 얼마나 소중하고 행복한 환경이고 경험이었는지를 예비교사로 교육대학 강의를 접하면서 알게 되었습니다. 초등교사가 되어 아이들과 소통하면서 이를 더욱 실감하게 되었습니다.

　　교육대학에서 예비 초등 교사들에게 라반의 움직임 교육을 강의하고, 박사과정에서 J.하위징아의 《호모루덴스》를 접하면 접할수록 실컷 놀아본 저는 행운아라는 생각마저 들었습니다.

　　어릴 적 실컷 놀아본 경험이 이렇게 《놀이로 배우다》라는 정신적 활동으로 이어지고 다시 이 책이 누군가에게 읽혀질 수 있는 문화 창조 활동이 될 수 있으니, 마치 제가 놀이하는 인간(유희의 인간)을 뜻하는 호모루덴스(Homo Ludens)의 표본이 된 듯해 행복감마저 듭니다.

교육을 하면 할수록 인간에게 있어서 놀이 경험이 얼마나 중요한지 확신하게 됩니다.

　　일상생활에서 전해 내려오는 놀이문화가 사라져 가는 요즘 스포츠 사·철학을 전공한 저로서는 옛 놀이를 기록하는 것만으로도 가치 있는 일이라고 판단됩니다.

　　이미 제 박사 논문에서 회화에 나타난 한국의 놀이와 여가에 대해 규명 지은 자료가 있어 문헌 연구를 충분히 뒷받침할 수 있으며 이를 토대로 제 삶에 전반적으로 좋은 영향을 주었던 어릴 적 놀이 경험과 교직에서의 학생 놀이 경험 및 부모가 되어 아들과 놀았던 경험과 성인이 되어 혼자 놀아 본 경험을 토대로 써 내려갈 것입니다.

　　어린이, 어른 구분할 것 없이 우리 모두 건강한 놀이문화 속에 건강한 삶을 만들어 나가자는 삶의 철학이 우리 사회 곳곳에 스며들었으면 좋겠다는 생각으로 글을 씁니다.

　　뿐만 아니라 이 글을 읽는 동안만이라도 삶의 무게 잠시 내려놓고 독자님들의 놀이 추억을 떠올리며 함께 놀면서 웃었으면 좋겠다는 마음으로 글을 쓰겠습니다.

2021년 2월 6일
이학박사 최미애

차
례

놀면서
배우다

■★▲

놀면서 배우다

● ★ ▲

어린 시절 자연 속에서 소꿉놀이를 하면서 놀았습니다.

소꿉장난을 하는 시간만큼은 하고 싶은 것을 마음껏 할 수 있었고 갖고 싶고 먹고 싶은 것들을 가상으로 만들어 모두 충족할 수 있었습니다.

엄마 아빠 아기 흉내를 내면서 모방 놀이를 통해 서로 존중하는 행복한 가정을 만들어 보기도 하고 알콩달콩 주거니 받거니 부부 흉내를 내면서 서로 마주 보고 실컷 웃었던 시간들은 대리 만족이라는 너무나 소중한 경험이 되어 삶의 자양분이 되어주었습니다.

소꿉놀이는 단순한 놀이로 끝나지 않고 소꿉놀이 속에서 다른 놀이로 이어졌다가 다시 소꿉놀이로 돌아와서 놀이가 끝나게 되는 마력이 있는 놀이였습니다.

소꿉놀이 속에서 엄마 · 아빠 놀이, 애기 업기 놀이, 청소 놀이, 채집 놀이, 신문지로 돈지갑이나 시장바구니를 만드는 종이접기 놀이, 물건을 사고파는 시장 놀이, 출근하면 선생님 놀이, 식사를 대접하는 손님 놀이, 잠자는 놀이 등이 그때그때 갑자기 즉흥적으로 전개되어 하루 종일 놀이가 이어졌습니다.

소꿉놀이에서 출근할 때마다 직업이 바뀌니 잠시지만 이런저런 역할을 해보며 놀면서 막연히 장래희망을 생각해 보는 기회가 주어졌고, 우리들끼리 자연스럽게 놀면서 직업의 종류도 떠올려 보게 되었으며 놀이가 곧 장래 직업교육이 되어 멋진 직업 역할 놀이 경험이 되었으니 삶의 가장 소중한 것들은 놀면서 배웠다고 해도 지나치지 않습니다.

동국대학교 별장에 계시는 교수님 흉내도 내보고 서울에서 놀러 온 대학생 언니 오빠들 말씨도 따라서 해보고 〈상노〉를 촬영해 간 솔밭에서 배우들의 동작을 흉내 내보면 무술이 아니라 칼춤이 되어 웃었으니 제가 생각하는 숲에는 소나무만 있는 것이 아니라 놀이의 추억과 드라마나 영화도 들어 있습니다.

소꿉놀이는 시나리오가 없이도 서로 죽이 맞아 각자의 역할을 척척해 냅니다. 1인 3역할도 무난히 소화해 내는 놀이이니 다양한 개성의 인격들을 경험하게 되는 참 좋은 놀이라는 생각이 퍼뜩 스칩니다.

지금 와서 생각해 보면 저의 소꿉장난이나 소꿉놀이는 어른들 세계로부터 만족스럽지 못한 부분을 모두 채울 수 있는 가상현실 세계 놀이였던 것 같습니다.

바닷가에 나가서 파도에 떠밀려 나온 호두나 가래를 주워 딱딱한 껍질을 깨서 먹기 위해 깨끗한 돌을 찾아 돌아다니고, 파도에 닳고 닳은 조개나 유리 조각을 주워 소꿉놀이용 그릇을 만들었습니다. 그리고 폭풍이 지나가거나 높은 파도가 치고 난 후의 모래사장에서 마른 갑오징어 뼈를 주워서 밀가루처럼 하얀 가루를 만들기 위해 돌을 주워 다 절구를 만들어 빻는 주로 채집생활을 경험했습니다.

예쁜 돌로 다리를 만들고 그 위에 크고 납작한 돌을 올려놓으면 튼튼하고 멋진 식탁이 만들어지고 평소에 자주 먹지 못하는 갖가지 음식을 만들어 풍성한 상차림을 할 수 있었던 것은 산과 들, 바다, 멋진 큰 솔밭과 작은 솔밭, 풀밭들, 숲속과 크고 작은 도랑들이 곳곳에 널려 있는 아름다운 자연이 뒷받침해 주었기 때문에 가능한 놀이였습니다.

청동기 시대 사람들은 돌로 무덤을 만들었지만 저는 돌로 식탁을 만들어 놀았습니다.

자연은 무엇이든 상상하는 대로 제공해 준다는 것을 놀이를 통해 알게 되었으므로 훗날 국사 교과서에서 구석기, 신석기시대를 이해하는 것은 그리 어렵지 않았습니다.

깨진 사기그릇이나 유리를 돌에 갈아 그릇을 만들고 땅따먹기 놀이도구를 만드는 과정에서 어떤 돌이 강하고 어떻게 생긴 돌이 약한지 알 수 있었으며 색깔에 따라 돌의 강도가 다르다는 것도 놀이를 통해 자연스럽게 알 수 있었습니다.

점점 자라면서 소꿉장난은 소꿉놀이로 발전해 살림살이도 점점 늘어났습니다.

소꿉장난이 단시간의 일회성에 그쳤다면 소꿉놀이는 장시간의 다음 날로 연장되는 놀이로 진행되었으며 살림을 장만하는 것도 머리를 쓰게 되었습니다.

사이다, 콜라, 주스, 우유병 등 크고 작은 병뚜껑을 모으면 각종 그릇의 종류를 만들 수 있었고 맥주 캔이나 통조림 뚜껑은 칼이 되었으나 나중에는 연필 깎는 칼을 놀이에 사용하는 살림살이의 진화도 맛보았습니다.

위와 같이 제 소꿉장난이나 소꿉놀이는 채집생활과 마제석기 시대, 철기 시대를 경험하면서 플라스틱이라는 문명도 받아들이고 집에 있는 돗자리를 깔고 커다란 보자기로 그늘막을 설치하고 과자와 음식까지 동원되는 편리함도 추구하면서 스스로 삶의 만족을 찾아가는 대리만족의 기쁨을 느낄 수 있는 자기주도형 놀이로 만들었습니다.

어릴 적 놀이로 언제나 즐거웠고 놀이로 욕구를 해소했으며 소꿉놀이를 통해 가상체험의 대리만족을 느꼈기에 불평불만을 모르는 초 긍정적인 어린 시절을 거쳐 질풍노도기의 사춘기를 모르고 지나갈 정도의 감정표현에 있어서 자제력 있는 청소년기를 보낼 수 있었다고 생각합니다.

저는 이 소꿉놀이를 통해 무엇이든 추구하고 노력하면 생각하는 대로 이루어진다는 것을 몸으로 체득하고 습득하는 과정을 배웠습니다.

또한 수많은 놀이 경험을 통해 성공적으로 놀이를 수행하면서 웃고 떠들고 즐거웠던 순간들이 쌓여 행복한 삶을 수없이 연습하는 과정이 되었으며, 이러한 즐겁고 행복한 수많은 놀이 경험들이 삶의 고단함을 헤쳐나갈 수 있는 인내력과 자신감 및 자존감으로 승화되었다고 생각합니다.

상상 밖의 끔찍하게 효자인 남편을 제외하고는 모두가 어릴 적 소꿉놀이가 현실로 되어 있으니 그렇게 생각할 만도 합니다.

여군이나 간호장교를 꿈꿨던 한 아이가 전혀 생각지도 않았던 교사가 되어 있었고 이렇게 배우다 시리즈를 쓰고 있는 것으로 보아 제 잠재력 속에 가르치는 것을 좋아해서 어린 시절의 놀이 속에 신나는 선생님 놀이로 표출되었을 것이라는 생각도 해보면서 놀이에 대해 좀 더 알아가고 있습니다.

　장래에 대한 고민을 잠시 했었던 6학년 무렵 집에서 큰길 건너편에 있는 태권도장에 보내달라고 유일하게 딱 한 번 엄마를 졸랐던 적이 있었습니다.
　띠동갑 오빠는 군대 가기 전에 태권도장에 보내주면서 제 요청은 일언지하에 거절당한 뒤로 엄마께 무엇인가 부탁한 적이 없었던 것으로 생각됩니다만 마당에 동네 아이들을 모아놓고 학교에서 중간 놀이시간에 배운 태권도를 하며 놀았던 기억이 생각나는 것으로 봐서 하고 싶은 것은 놀이를 통해서라도 어떠한 방법으로든 충족시키는 근성도 어린아이에게 있었던 것으로 생각됩니다.

　초등학교 때 친구 영희 따라서 그렇게 가고 싶었던 읍내의 피아노 학원 대신 달력 뒤에 피아노 건반을 그려서 치고 놀았던 놀이 경험과 학급 오락시간마다 한 사람씩 교단에 서서 노래자랑을 했던 경험은 교육대학교 입학시험 시창에서 음감에 대한 자신감을 더욱 얻게 되었습니다.
　교사가 되어 음악시간에 자유로운 반주를 하고 싶어서 발령받자마자 피아노 학원에 다녔습니다. 그리곤 경제적으로 독립하자마자 제일 먼저 피아노를 살 정도로 어릴 적 놀이가 현실로 이어진 대표적인 놀이가 선생님 놀이와 피아노 건반 놀이였습니다.

　이렇게 놀이가 무엇인지에 대한 《놀이로 배우다》를 쓸 수 있게 된 배경은 제 어릴 적 놀이 경험이 어른들의 간섭이나 어른들의 의견이 완전히 배제된, 오로지 제 스스로의 생각과 판단과 의지대로 어린아이들끼리 소통하면서 골목대장이 되어 맘껏 놀 수 있는 환경에 노출되어 있었기 때문에 좀 더 가치 있는 놀이 경험이 될 수 있었다고 생각됩니다.

감사하게도 아직도 어린 시절 그때의 놀이 행동들과 놀이 감정들이 또렷하게 고스란히 살아 있어서 있는 그대로의 놀이를 사실적으로 표현하고 기술한다면 놀이에 대한 좋은 이해 자료가 될 것이며 어린이의 세계나 어린이 놀이를 이해하는 데 다소나마 도움이 될 것이라는 판단으로 용기를 내게 되었습니다.

이처럼 자기 주도적인 놀이는 자기 주도적 학습을 할 수 있게 만들며 더 나아가서는 자기 주도적인 삶을 살아갈 수 있도록 해줍니다. 따라서 놀면서 자기 주도적인 창의적인 삶을 배울 수 있습니다.

경험
놀이 종류

경험 놀이 종류

- 베개 업기
- 강아지와 놀기
- 도랑 놀이
- 마당 놀이
- 하늘 쳐다보기
- 달리기
- 뽐 뽑기 놀이
- 모래성 쌓기
- 열 스물 놀이
- 고무줄놀이
- 새끼 줄넘기 놀이
- 말뚝박기
- 두꺼비집 만들기
- 그림자놀이
- 무등타기
- 단지 팔기
- 꼬리잡기

- 색깔잡기
- 거울 놀이
- 색안경 놀이
- 자석 놀이
- 그림 놀이
- 스팀 그림 그리기
- 우리 집에 왜 왔니
- 닭싸움 놀이
- 딱지 모래무덤 놀이
- 딱지치기
- 땅따먹기
- 도구를 이용한 땅따먹기
- 아카시아 꽃 목걸이 만들기
- 감꽃 목걸이 만들기
- 밀어내기 놀이
- 토끼풀 꽃 화관 만들기
- 풀피리 불기

- ★ 해당화 열매 목걸이 만들기
- ▲ 소꿉놀이
- ● 머리 땋기 놀이
- ★ 조개목걸이 만들기
- ▲ 공기놀이
- ● 그네뛰기
- ★ 시소
- ▲ 미끄럼틀
- ● 철봉 놀이
- ★ 달팽이 보물찾기
- ▲ 수건돌리기
- ● 보물찾기
- ★ 풀꽃 놀이
- ▲ 아카시아 미용실 놀이
- ● 봉숭아 꽃놀이
- ★ 나팔꽃 찍기 놀이
- ▲ 조개잡기 놀이

- ● 물수제비뜨기
- ★ 천렵
- ▲ 살아 있는 곤충관찰 놀이
- ● 종이접기 놀이
- ★ 방아깨비 놀이
- ▲ 메뚜기 잡기 놀이
- ● 은어 잡기 놀이
- ★ 술래잡기
- ▲ 놀이주머니 놀이
- ● 훌라후프 놀이
- ★ 숨바꼭질
- ▲ 대문 놀이
- ● 고드름 놀이
- ★ 눈사람 만들기
- ▲ 손뜨개 놀이
- ● 눈썰매 타기
- ★ 고무얼음 타기

- ▲ 얼음 썰매 타기
- ● 종이인형 만들기
- ★ 새끼줄 기차놀이
- ▲ 뽕나무 비행기 놀이
- ● 구슬치기
- ★ 비석치기
- ▲ 오징어 놀이
- ● 파도 놀이
- ★ 세숫대야 놀이
- ▲ 연날리기
- ● 팽이치기
- ★ 널뛰기
- ▲ 윷놀이
- ● 자치기
- ★ 제기차기
- ▲ 씨름
- ● 공차기

- ★ 8자 놀이
- ▲ 굴렁쇠 굴리기
- ● 가마 타기 놀이
- ★ 목말 타기
- ▲ 예절 놀이
- ● 신체 표현 놀이
- ★ 오뚝이 놀이
- ▲ 통나무 놀이
- ● 깨금발 뛰기
- ★ 빙글빙글 돌기
- ▲ 매 야 매 야 놀이
- ● 알까기놀이
- ★ 오목 놀이
- ▲ 망우리 돌리기
- ● 장님 놀이
- ★ 세발자전거
- ▲ 삐라 줍기 놀이

경험 놀이 종류

- 고무찰흙 어항 만들기 놀이
- 까꿍 놀이
- 잼 잼
- 곤지곤지
- 도리도리
- 짝짝 쿵
- 쭉쭉이 놀이
- 따로따로 놀이
- 공놀이
- 점프 놀이
- 비행기 놀이
- 말타기 놀이
- 숫자놀이
- 촉감 놀이
- 병원 놀이
- 말 잇기 놀이
- 물체 잇기 놀이

- 귓속말 전하기
- 수수께끼 놀이
- 시장에 쇼핑 갑시다 놀이
- 푸른 하늘 은하수
- 노래자랑
- 자장가 놀이
- 책 놀이
- 꽃잎 말리기 놀이
- 대장공 놀이
- 관람 스포츠
- 식물과 놀기
- 사랑 찾기 놀이
- 자연에서 놀기
- 찻자리 만들기

경험
놀이마당

경험 놀이마당

● ★ ▲

　참 잘 놀았습니다.

　참 재미있게 놀았습니다.

　참 많이 놀았습니다.

　혼자서, 친구들, 동생 또는 동생 친구들, 가끔은 언니들과 집에서 마당에서 자연에서 학교에서 공부하는 시간보다 더 많은 시간을 간섭받지 않고 실컷 놀았습니다.

　놀 때만큼은 세상에서 가장 행복했던 어린 시절이었다고 생각합니다. 저처럼 싫증이 날 정도로 실컷 놀아본 것을 자부심으로 느끼는 사람도 흔하지 않을 것이나 초등교사로서, 체육교육과 스포츠사 전공자로서 스포츠를 이해하면 할수록, 교육과 연결시키면 시킬수록 몸과 마음, 즉 심신의 건강을 위해 놀이의 중요성이 부각된다는 것을 알 수 있었습니다.

어린 시절 놀이 경험을 통해서 친구로서, 운동선수로서, 엄마로서, 교육자로서, 학자로서 놀이가 인생이나 인성에 미치는 영향을 평생 느끼면서 살아왔기에 21세기 초반, 우리 어린이들도 저처럼 놀이로 행복한 추억을 많이 만들 수 있었으면 정말 좋겠습니다.

초등교육이나 유아교육 현장에서 놀이의 방법적인 접근 도서는 많으나 놀이에 대한 이해를 돕기 위한 일종의 놀이 원리 같은 자료가 부족합니다. 놀이를 지도하는 교사나 학부모님들께서 놀이하는 어린이들의 마음이나 머릿속을 알 수 없기에 이렇게 제 놀이 경험을 자세히 표현함으로써 좀 더 놀이 경험의 효과에 대한 이해를 쉽게 접근하고자 노력할 것입니다.

생각만 잘하면 우리 주변의 모든 것들이 놀이도구로 활용될 수 있으며 가정이나 어린이집 학교뿐만 아니라 산, 들, 강, 바다 주변의 모든 자연환경이 안전한 곳이기만 하면 놀이 공간이 될 수 있습니다.

집 안보다는 집 밖에서의 놀이를 적극 추천합니다. 놀이의 선경험자로서 자연만큼 좋은 스승은 없다고 생각합니다. 놀아주려고 애쓰지 마시고 그냥 바라봐 주고 안전만 제공해 주면 어린이들이 스스로 알아서 잘 놉니다.

처음 놀러 나온 유아가 밖에서 그냥 멍하니 서 있더라도 당황하지 마시고 충분히 기다려 주시기 바랍니다. 어린이는 천천히 주변을 살피면서 바뀐 환경을 탐색하며 적응하는 중이고 곧 또는 시간이 지나면 의사표현을 할 것입니다.

산, 들, 강, 바다 등 자연에서 어른들이 느끼는 세상보다 어린이들은 더 크고 거대하게 느껴질 것이므로 기다렸다가 어린이의 반응에 따라 하자는 대로 응해주거나 도와주면 됩니다.

성인이 되어 모교를 방문했을 때 그렇게 거대하게 보였던 초등학교 건물이 아담하게 느껴져 감회가 새로웠던 경험들을 소환한다면 좀 더 이해하기 쉬울 것입니다.

지금부터 1970년대 전후의 놀이들과 1980~2000년대의 교사와 엄마가 되어 제자 또는 아들과 함께했던 저자의 경험 놀이부터 2021년 현재의 경험놀이 사례를 위주로 서술해 나갈 것입니다.

지면의 한계가 있어 경험한 놀이들을 모두 넣지는 못하겠지만 어떤 놀이 세계가 펼쳐질지 벌써 가슴이 뜁니다.

네다섯 살 때 또렷하게 기억나는 저의 생애 첫 놀이로는 애기 업기 놀이였습니다.

베개가 너무 커서 안 된다고 하시는 어머니를 졸라서 겨우 베개를 등에 업을 수 있었습니다. 베갯잇과 베개 마구리에 예쁘게 수놓은 커다란 베개를 등에 업고 아기를 업어주는 포대기를 둘러 묶은 후 아기 달래는 시늉을 하면서 방안을 왔다 갔다 하다가 베개 무게에 못 이겨 뒤로 벌러덩 넘어져서 마실 오신 동네 할머니들의 웃음거리가 되었던 그 순간이 아직도 생생합니다.

제 키의 반만 한 베개 위에 누워서 깡마른 여자아이가 포대기에 묶여 일어나지도 못하고 발버둥 치고 있었으니 지금 상상해도 참 재미있는 우스꽝스러운 모습이 연상됩니다.

베개 업기는 그 시절 여자 어린이들의 놀이였습니다. 베개를 포대기에 싸서 업고 돌아다녀도 아무도 흉을 보지 않았습니다. 아마도 인형이 있었다면 인형을 업었을 것입니다.

베개를 흘리지 않고 야무지게 잘 업고 놀면 그다음 단계는 동생을 업고 놀게 될 것입니다. 그러나 저는 너무 약하고 마른 체형이라 두 살 터울의 동생을 업어줄 수 없었습니다.

그 후 대여섯 살 때 옆방에 새 들어 살던 기영이네가 월세를 떼어먹고 빌려준 솥까지 들고 야반도주하기 전까지는 동갑내기 기영이랑 곧잘 놀곤 했었는데 무슨 놀이를 했었는지 아무리 기억하려 해도 생각나지 않습니다. 아마도 기영이와의 추억은 의식적으로 지우려고 했던 것 같습니다. 확실한 것은 아니지만 아마도 이때부터 저는 안 좋은 기억이나 나쁜 생각은 빨리 지우는 습관이 생긴 것 같습니다.

❀ ❀ ❀ 놀이마당 2 오뚝이 놀이

이불 위에 누워서 목을 들고 두 팔로 두 다리를 접어 감싸 안은 채 등을 둥그렇게 말아서 흔들흔들 오뚝이 놀이를 했습니다.
등을 둥그렇게 말은 상태에서 몸을 크게 흔들면 오뚝이처럼 '일어났다 누웠다'를 반복할 수 있었습니다.

동생과 함께 똑같이 '일어났다 누웠다'를 반복하기도 하고 동생이 일어날 때 제가 눕고 제가 일어날 때 동생이 눕는 등 단순한 놀이지만 두 개의 오뚝이가 서로 마주 보고 또는 등을 지고 '일어났다 누웠다'를 반복하면서 놀았기 때문에 놀이의 만족도는 매우 높았습니다.

비록 단순하고 반복적인 동작일지라도 참 재미있어서 동생과 함께 웃었던 그때의 웃음소리까지 기억납니다.

　일곱 살 때 마당에서 커다란 누렁이에게 밥을 주면서 이야기하는 장면이 떠오릅니다. 누렁이랑 저랑 마당을 빙빙 돌며 뛰어다니던 생각이 얼핏 스칠 뿐 누렁이는 항상 같은 자리의 줄에 메여 앉아 있었습니다.

　그러던 초등학교 1학년 어느 날 학교에서 돌아와 보니 누렁이가 없어졌고, 어머니는 누렁이가 큰길에서 교통사고를 당해 하늘나라로 갔다고 하셨지만 믿을 수 없었고 가끔 생각이 났으나 지금까지 누렁이에 대해서 한 번도 말을 꺼낸 적이 없습니다.

　이어서 우리 집을 새로 짓느라 주변이 어수선해졌고 첫사랑이자 첫정을 주었던 누렁이가 앉아 있던 자리는 벽돌이 수백 장 쌓여 있어 비교적 슬픔을 빨리 잊을 수 있었던 것 같습니다.

　그 후부터 가끔 누렁이를 생각하면 이상하게 마음이 차분하게 가라앉았으며 이것이 그리움이고 슬픔이었나 봅니다. 제가 너무 어려 누렁이와의 이별의 슬픔도 제대로 인지하지 못하고 살았지만 50년이 지난 지금까지도 누렁이 생각이 나는 것을 보면 엄청 아끼고 사랑했었나 봅니다.

　이제라도 누렁이 죽음의 진실을 알아봐야겠습니다. 다행히 어머니께서 살아 계시니 그리 어려운 일은 아닌 것 같습니다.

　복날에 원산댁 할머니 댁에 끌려가지 않았기만을 바랄 뿐입니다.

누렁이와 놀았던 기억과 함께 그다음 장면은 지금은 4차선 도로가 나면서 없어진 우리 집 바로 옆으로 흐르는 통나무다리가 있는 도랑에서 엄마는 빨래를 하시고 동생과 저는 물장난을 하면서 웃고 있는 모습입니다.

때로는 미나리와 질경이를 뜯기도 하고 비누통 뚜껑으로 작은 물고기를 떠서 잡기도 하다가 여름에는 어린이들의 공중목욕탕이 되기도 했습니다.

도랑 주변에는 미나리를 비롯해 박하 향이 나는 허브 식물과 산딸기, 쇠뜨기 풀 등을 포함해 다양한 종류의 풀들과 수생식물이 살았으며 밭두렁엔 하얀 찔레꽃이 피기도 하고 길가엔 아름드리 미루나무가 한 줄로 늘어서 있고 사이사이에 마을 어른들이 함께 가꾸신 코스모스가 한들거리는 사계절 내내 아름답고 운치 있는 풍경을 자아냈습니다.

빨래터인 도랑에서 놀면서 마을의 소식도 우연히 듣게 되고 주변의 식물 이름들도 저절로 알게 되었습니다.

풀잎이나 나뭇잎을 따서 물에 떠내려 보내기도 하고 코스모스 꽃송이를 따서 물에 띄우면 빙글빙글 돌며 떠내려가는 모습도 신기했습니다.

좁고 작은 개울을 도랑이라고 하는데 어른들은 도랑이라고 하셨지만 어린 저에게는 매우 깊고 강폭이 넓었던 것으로 기억됩니다.

말기에서 내려오는 이 도랑물은 어찌나 맑고 깊은지 징검다리가 아닌 한참을 걸어야 하는 긴 통나무다리가 놓여질 정도로 물의 양이 풍부하고 유속도 빨라 빨래를 헹구기에 매우 편한 곳이었습니다.

다리를 건너다 대로 건너 주변에 사는 아주머니들께서 기저귀를 가지고 나와 흔들면 아기 응가 덩어리가 빠른 속도로 둥둥 떠 내려가는 모습을 가끔 볼 수 있었습니다.

긴 장마에 다리가 떠내려가고 응급처치로 통나무를 갖다 놓았으니 눈을 감고 건널 수도 없고 하얀 천 기저귀에서 떨어져 나온 노란 덩어리들의 실체가 풀어지는 현상을 끝까지 볼 수밖에 다른 도리가 없었습니다.

그래도 통나무다리를 내려다보지 않고 앞을 보며 건너려고 시도도 해보았으나 휘어지고 울퉁불퉁한 나무 옹이에 걸릴 것 같아 아래를 내려다볼 수밖에 없었습니다.

어머니께서 어쩌다 미나리를 뜯거나 쑥을 캐서 도랑물에 씻어 갖고 오시면 둥둥 떠내려가던 누런 실체가 떠올라 수돗물로 다시 헹구시기를 맘속으로 바랐던 그 시절이 풍요롭지는 않았지만 참 행복했던 도랑 놀이로 기억됩니다.

🍀🍀🍀 놀이마당 5 마당 놀이

저는 '우리'라는 낱말을 참 좋아합니다. 함께 어울려 놀다 보면 우리라는 말을 자주 쓰게 됩니다. 이런 의미에서 우리라는 말이 가장 잘 어울리는 곳이 놀이마당인 것 같습니다.

물론 혼자도 잘 놀 수 있지만 둘이 함께, 우리 함께, 모두 함께 잘 놀면 그 놀이 효과는 훗날 우리가 상상할 수 없을 정도로 큽니다.

예를 들어 리더십과 사회성이 좋아지며, 어린 시절 부모님 사랑을 듬뿍 받지 못하더라도 자존감이 높아지는 등 놀이는 인간의 정서적, 지적 발달에 긍정적인 효과를 줄 뿐만 아니라 미래의 직업에도 많은 영향을 줍니다. 물론 놀이 참여자의 놀이 만족도가 높을 경우입니다.

마당은 어릴 적 좋은 놀이 공간이었습니다. 학교 놀이터 외엔 대부분의 시골마을에는 어린이들이 놀만 한 놀이기구가 있는 공간이 없었던 시절이었습니다.

우리 마당은 찰흙과 모래흙이 적당히 섞여 있어 손으로 쓸면 감촉이 부드럽고 참 좋았습니다.

비가 많이 오면 마당 흙이 조금 쓸려나가기 때문에 몇 년에 한 번씩인지는 모르겠으나 어디선가 손수레로 새 흙을 가져다 뿌려주시곤 하셨습니다.

경험 놀이마당

마당엔 봄이면 풀이 자주 나서 가을까지 아침 일찍 일어나 눈을 비비면서 풀을 뽑아야 했습니다. 뿌리면 풀이 죽는다는 약이 있어도 자주 노는 곳이라서 치면 안 되었기에 싫어도 풀을 뽑아 주어야만 했던 것입니다.

꽃밭에서 떨어진 봉숭아 씨앗과 채송화 씨앗이 마당에 떨어져 싹이 트면 모종으로 자라 다른 곳으로 옮겨 심을 때까지 길러야 하고 가끔 친구들이랑 맨발로 고무줄놀이도 하고 손바닥으로 마당 바닥을 쓸며 노는 놀이터였기 때문이기도 했습니다.

어느 날 일찍 일어나 마당에서 풀을 뽑고 계시는 어머니를 도와 풀을 뽑기 시작했는데 어쩌다 보니 해마다 제가 마당 풀 뽑는 일을 도맡아 하고 있었습니다.

어느 해인가 동생 친구들을 데려와 마당에서 뛰어놀았는데 뛰어논 곳에서는 풀이 자라지 않는다는 것을 우연히 알게 되었습니다.

그 후로는 자주 동생 친구들을 데리고 와 툇마루에서 선생님 놀이를 했습니다. 물론 제가 선생님이었고 받아쓰기와 산수를 가르쳐 주다 지루해지면 하루 종일 마당에서 체육 선생님이 되어 동생과 동생 친구들을 데리고 뛰어놀았습니다.

한집에 아이들이 넷에서 다섯 명은 기본이었으니 언제나 우리 집 앞마당은 아이들로 북적댔습니다.

아이들이 너무 재미있어하고 제 말을 잘 들었기에 선생님 놀이는 어둑어둑해져 뒷집 은자네 집에서 밥 먹으라고 외치는 소리가 들려올 때까지 지칠 줄 모르고 계속되었습니다.

덕분에 마당의 풀을 뽑지 않아도 되었고 시멘트로 만든 뜨락 계단 밑이나 처마 밑 낙숫물 떨어지는 근처 등에만 쭈그리고 앉아 손으로 풀을 뽑으면 되었기에, 풀 뽑는 시간 대신 놀이시간이 한결 많아졌습니다.

초등교사가 되어 교단에 서서 제자들을 가르치면서, 연필과 종이 한 장씩 나누어 주면 연필심에 침을 묻혀가며 열심히 받아 적던 동생 친구들의 똘망똘망했던 눈동자들이 생각나 많이 그리웠습니다.

별다른 꿈이 없었고 무엇이 되고 싶다는 직업관도 없었으며 고생하시는 어머니 부담을 덜어드리기 위해 여고 시절 빨리 공무원이 되려고 공무원 시험공부를 하던 제가 망설임 없이 교육대학교를 졸업하고 선생님이 된 것은 어릴 적 선생님 놀이로부터 시작된 모방 놀이의 좋은 결과의 예라고 생각됩니다.

지금 생각해 보면 한두 번 하다 그친 놀이가 아닌 선생님 놀이에 투자한 시간이 3~4년 지속적으로 꽤 오랜 기간 반복되었던 것으로 기억됩니다.

마을 시내버스 정류장과 마을회관이 가깝고 집에 수북하게 쌓여 있던 미농지와 가끔 서울에서 직장 다니는 큰언니가 사 온 맛있는 사탕과 과자도 앞마당에 아이들이 꼬이는 데 한몫했다고 생

경험 놀이마당

각합니다.

어릴 적 무의식 속에서 아무에게도 간섭받지 않고 즉흥적으로 실컷 놀았던 선생님 놀이에서 저도 모르는 사이에 잠재적으로 선생님이라는 끼를 발산해 동생 친구들을 불평불만 없이 오랜 기간 데리고 놀 수 있었기에, 훗날 고3이 되어 갑자기 부모님에 의해 결정된 교육대학교 진학 시 특별한 노력과 고민 없이도 교사가 되는 것을 자연스럽게 받아들일 수 있었던 것 같습니다.

이러한 점에서 놀이가 성인 활동을 모방하는 것이라는 플라톤의 학설에 동조하면서 어린이들에게 놀이의 경험을 많이 노출 시킬 것을 부탁드립니다.

가끔 하늘을 보며 살 수 있다는 것이 얼마나 행복한 일인 줄은 어른이 되어서 알 수 있었습니다.

새벽에 일어나 출근 준비하고 뭐가 그리 바빴는지 체육수업, 운동회나 소풍 날씨 챙기느라 하늘 몇 번 본 것 제외하고는 결혼해서 자가 운전하기 전까지는 하늘을 본 기억이 새롭습니다.

어릴 적 제 기억 속의 아름다운 고향의 풍경화 속에는 항상 미류나무에 가려서 잘 보이지 않는 구름도 포함되어 있습니다.

그만큼 하늘을 자주 보고 놀았습니다. 바닷가에 나가면 끝없이 넓게 펼쳐진 푸른 바다와 맞닿은 하늘이 수평선으로 다가왔고 수영이나 배를 타고 수평선에 가보고 싶다는 생각을 자주 했습니다.

여름날 갑자기 쏟아진 소나기 뒤에 하늘로 이어지는 커다란 무지개를 보며 가까이서 보려고 뛰어갔던 일도 설레는 추억 중의 하나입니다.

송아지 풀 뜯어 먹이러 가거나 토끼풀 꽃 목걸이 만들다 풀밭에 앉아 동생과 쳐다본 하늘 위에는 뭉실뭉실 뭉게구름이 떠다니며 쇼를 하고 있었습니다.

너무 멋있어서 넋을 놓고 보다가 구름 속에서 강아지도 찾고 아이스크림도 찾고 용머리도 찾고 눈사람도 찾았습니다.

그 날 이후로 하늘을 자주 쳐다보게 되었으며 뭉게구름이 많이 뜬 날이면 동생과 하늘을 쳐다보며 그림 찾기 놀이를 했습니다.

어린이 신문에 나오는 숨은그림찾기보다 더 재미있는 놀이가 하늘에서 구름 찾기 놀이였습니다.

하늘의 구름은 송아지가 되어 빠른 속도로 흘러갑니다. 또 어떤 구름은 토끼가 되어 흘러가다가 곧 흩어집니다.

어떤 날은 구름 사이로 햇빛이 확산되어 쏟아지면서 금방이라도 하느님이나 천사가 내려올 것만 같은 신비로움을 선사해 주기도 했습니다.

구름이 흩어졌다 모였다 다채로운 모양을 만드는 자유로운 세상은 하늘 위에 펼쳐 있었습니다.

마루에 앉아서 대로변 미루나무에 가려진 구름을 바라보는 재미도 쏠쏠했습니다. 미루나무 뒤에 숨었다 걸렸다 나타났다 움직이는 구름 따라 마음도 하늘 위를 오가고 있노라면 그리움이 몰려와 마루에 배를 깔고 엎드려 다리를 흔들며 군인 간 오빠에게 위문편지도 쓰고 서울에서 직장 다니는 큰언니에게 안부 편지를 썼습니다.

미루나무처럼 키 큰 나무가 또 있었는데 간혹 플라타너스나무 아래 떨어진 단단한 열매를 주워 가위바위보에 져서 동생에게 이마를 얻어맞던 아픈 추억도 되살아납니다.

플라타너스 열매 줄기를 잡고 이마를 때리면 얼마나 아프던지,

그래도 재미있다고 열매만 있으면 놀이를 했으니 참 알다가도 모를 일이 어린이 놀이라는 생각이 듭니다.

어쩌다 일하러 나가신 엄마가 돌아오실 무렵이면 조금씩 천천히 마중 나간다는 것이 버덩이나 말기까지 가게 되었으며, 그때 보았던 석양은 어찌나 아름다웠던지 붉게 타오르는 하늘이 마치 구름 낀 날 솟아오르는 일출 같다는 생각도 했었던 적이 있습니다.

밤하늘의 국자 모양 북두칠성을 찾았고 국자 모양을 보려고 평상 위나 멍석 위에 누워서 이리저리 뒹굴며 보았던 추억도 웃음을 자아냅니다.
저녁 무렵의 샛별도 있었지만 샛별을 보기 위해 새벽에 일어나 잠을 설친 적도 있었고 금성은 찾았으니 내 마음속의 삼성을 찾기 위해서 세 개 붙어 있는 별이 없을까 열심히 별을 찾아 세어보았던 적도 있었습니다.

이 하늘 쳐다보는 놀이는 사춘기가 되어 신체 움직임이 적어질 무렵까지도 계속되었습니다.
여명이 밝기 전의 깜깜했던 한밤중의 하늘이 수평선이나 지평선처럼 가로로 일직선이 되어, 즉 검은 하늘이 가로로 흰색의 일직선이 되더니 점점 흰색의 일직선이 굵게 그리고 점점 넓게 그어지면서 하늘이 환하게 열리는 모습을 난생처음 목격한 적이 있었습니다.

그 이후로도 하늘이 열리는 순간을 보고 싶어 몇 번 더 시도했었으나 수십 년이 지난 지금까지도 안타깝지만 그러한 현상을 다시는 볼 수 없었습니다.

올 나이트를 하면서 하늘을 쳐다본다면 까만 하늘이 열리는 그 순간을 다시 목격할 수 있을까 하는 궁금증마저 지금 생겼습니다.
그 시간대 그 각도에서 같은 방향의 하늘을 쳐다볼 수 있다면 좋겠지만 지금은 마을에 건물이 들어서 가능할지도 의문이 생깁니다만 한 번은 꼭 시도해 봐야겠습니다.

♣♣♣ 놀이마당 7 달리기

놀이라는 것은 미리 계획을 세우고 하는 것이 아니라 이상하리만치 그냥 길을 걷다가도 갑자기 한 사람이 "저기 나무까지 누가 빨리 뛰어가나 보자." 하면 우르르 달려가 목적지에서 한바탕 웃게 되는 달리기 놀이가 되었습니다.
모래사장을 걷다가 누군가 "저 파도 치는 데까지 뛰기." 하면 신기하게도 한 사람도 빠짐없이 모두 함께 뛰어갔습니다.
바닷가를 걷다가도 시도 때도 없이 "우리 저 배 있는 곳까지 뛰자."고 하면 무조건 달렸으니 이것이 곧 달리기 놀이였습니다.

왜 뛰는지도 모르고 친구가 갑자기 뛰자고 하면 옷이 젖든 흙탕물이 튀든 간에 힘껏 달렸습니다.

그냥 달리는 것이 좋았고 친구와 함께 뛰는 것이 좋았고 아이들이 우르르 몰려다니는 것이, 무조건 뛰었던 그것이 바로 달리기 놀이였습니다.

솔밭에 솔방울을 주우러 가서도 "누가 많이 줍나 보자." 하면 뛰어다니면서 솔방울을 주울 정도로 달리기는 일상적인 놀이였습니다.

덕분에 초등학교 때부터 육상선수를 했었고 어느 체육대회에서든 계주를 뛸 수 있었으며 일상적인 삶에서도 뛰듯이 적극적인 삶을 살아올 수 있었던 것도 모두 어릴 적 만족스러웠던 풍부한 놀이 경험 덕분이었습니다.

달리기 놀이와 같은 놀이를 생활화했던 덕분이라는 생각이 과장이 아닙니다. 힘든 줄 모르고 열심히 즐겁게 놀아보았기에 힘들어도 안주하지 않고 도전하면서 열심히 살 수 있었던 것입니다.

이렇게 놀이는 이미 규칙이 정해져 있지 않고 놀이하기 전에 미리 규칙을 정하는 것이 아니라 놀면서 그때그때 놀이상황에 맞게 놀이 방법을 수정하거나 보완할 수 있기 때문에 더욱 재미있고 매력적으로 느껴집니다.

🐛🐛🐛 놀이마당 8 뿜 뽑기 놀이

이른 봄 하굣길에 잔디를 키우는 잔디밭 옆에 소복이 풀이 자라있었습니다. 해마다 친구들과 그곳으로 달려가서 한참씩 놀다 오는 곳이었습니다.

너무 시어서 눈이 저절로 감기는 초록 풀을 뜯어 먹으면서 얼굴 찡그리는 모습이 재미있어 서로를 바라보며 한참을 웃다가 풀 섶을 제치고 뿜을 뽑아 먹었습니다.

뿜은 나란히 맥의 기다란 잎들 사이 중앙에서 오동통한 느낌의 길쭉한 새싹이 올라오는데 손으로 뽑으면 쉽게 쏙 빠져나옵니다.

뽑은 뿜의 부드러운 식물 껍질을 손톱으로 살짝 갈라 쪼개면 하얀 솜털같이 부드러운 속살이 드러납니다.

이 하얀 솜털을 씹으면 은은한 풀 향기가 감돌며 입안에 포근함이 느껴집니다. 식물의 여린 솜털은 씹으면 대부분 목구멍으로 술술 넘어가지만 어떤 것은 껌처럼 씹을 수도 있어 풀 섶을 헤치면서 뿜을 찾는 시간은 보물찾기마냥 행복했습니다.

햇살 좋은 날 풀밭에 앉아 너무 시어서 우리들이 시금치라고 불렀던 싱그러운 풀을 뜯어 먹고 뿜을 뽑아 먹으면서 놀았으니 특별한 영양제 없이도 잔병치레 없이 건강하게 잘 자랄 수 있었던 것 같습니다.

뿜을 뽑고 놀았던 자리에 가을이 되면 억새가 피어 바람에 하늘거리고 있었던 것으로 보아 추측하건대 뿜은 갈대나 억새풀 종류의 어린잎일 수도 있겠다는 생각을 하게 됩니다.

코로나 19가 잠잠해지면 언제 한번 들로 나가서 억새풀의 어린잎이 뿜이었는지 꼭 확인하고 싶습니다.

이렇게 놀이는 어른이 되어서도 궁금증과 상상력이 증폭되는 마력을 지닌 것 같습니다.

❦ ❦ ❦ 놀이마당 9 모래성 쌓기

어머니께서 여름에 뜨거운 모래사장을 걸으면 감기에 걸리지 않는다고 놀다 오라고 하셔서 가기 싫은 바다에 억지로 나가서 놀았던 적도 있습니다.

너무 더워 움직이기 귀찮았지만 막상 바닷가에 나가면 하얀 모래알이 유난히 반짝반짝 빛나는 언제 보아도 늘 아름다운 풍경이 펼쳐졌습니다.

시원한 바닷물에 뛰어들어 발목을 적시고 파도치는 물결 따라 뛰어다니기도 하다가 옷을 입은 채 모래 위에 누워 모래 속에 몸을 파묻고 모래찜질을 하고 나서도 심심하면 파도가 밀려오는 바닷가 근처에서 모래성 쌓기 놀이를 했습니다.

바닷물에 젖은 모래로 모래성을 쌓으면 탄탄하고 견고하게 모래성을 쌓을 수 있으므로 간혹 큰 파도가 밀려와 만들어 놓은 모래성을 휩쓸고 갈 위험성이 있다는 것을 알면서도 물가에 모래성을 쌓았습니다.

장마철이면 물에 잠길 것을 뻔히 알면서도 어쩔 수 없이 그곳에 궁여지책으로 집을 짓고 사는 사람들의 마음을 그때부터 조금은 이해할 수 있었던 것 같습니다.

높은 담을 만들어 모래성을 쌓아 나가다보면 우리는 왕자도 되고 공주도 되어보고 천하를 호령하는 임금님도 되었습니다.

잔잔하던 바닷가에 갑자기 큰 파도가 밀려와 만들어 놓은 모래성을 한꺼번에 무너뜨리고 사라지면 모래 위에 집짓기보다 더 위험한 것이 물가에 집짓기임을 금방 알아차릴 수 있었습니다.

파도치는 바닷가에서 모래성 쌓기 놀이를 통해 그 누구도 가르쳐 줄 수 없고 책에서도 배울 수 없는 살아 있는 삶의 지혜를 막연히 터득했었나 봅니다.

살아오면서 어떠한 일을 시작하거나 해야 할 때 항상 만일의 경우를 대비하고 준비하면서 행하는 습관은 언제 어디서 밀려와 모래성을 부술 수도 있다는 마음으로 모래성 쌓기 놀이를 했던 놀이를 통해 얻은 값진 경험으로서의 지혜로 연관 지어 생각해 보았습니다.

♣ ♣ ♣ 놀이마당 10 열 스물 놀이

앞마당에서 할 때 우리들은 출발선을 긋고 큰길까지 뛰어갔다 돌아오거나 운동장에서는 조례대 앞에서 시작해 축구 골대까지 뛰어갔다 출발선까지 돌아오는 비교적 스케일이 큰 놀이로 장소에 구애받지 않고 어디서든지 할 수 있으며 먼저 도착하는 사람이 이기는 놀이였습니다.

두 사람이 마주 보고 서서 가위바위보를 하는데 가위는 네 걸음, 바위는 스무 걸음, 보는 열 걸음을 뛰는 놀이입니다.

넷이 놀이를 할 때는 두 사람이 한 팀이 되어 두 명은 가위바위보를 하고 두 명은 가위바위보를 한 결과에 따라 뛰어갔다 오는 역할을 맡습니다.

이긴 사람이 자기편에게 손을 들어 '열' 하면 최대한 큰 걸음으로 열 걸음을 뜁니다. 다시 가위바위보를 하고 '스물' 하면 스무 걸음을 뛰어 가야 하므로 점점 멀어져 나중에는 큰소리로 외치고 고함을 쳐야 하는 경우도 생겼습니다.

주먹으로 이기면 멀리 갈 수 있으므로 주먹을 자주 냈던 놀이로 출발했던 곳으로 먼저 돌아오는 팀이 이기는 놀이입니다.

뛰어갔다 온 사람들이 이번에는 가위바위보를 하고 다른 두 명은 가위바위보의 결과에 의해 뛰었다 멈추기를 반복하는 놀이이면서 제자리멀리뛰기나 멀리뛰기 예비단계의 효과적인 놀이였습

경험 놀이마당

니다.

계단에서도 이 열 스물 놀이가 가능합니다. 하나 둘 셋 넷을 스물까지 계속 반복하기 때문에 계단을 오르내리면서 안전하게 놀수만 있다면 유아들의 숫자 익히기 놀이로 추천합니다.

❧ ❧ ❧ 놀이마당 11 고무줄놀이

고무줄놀이는 그 시절 여자아이들이 가장 많이 하는 놀이였습니다. 운동장에서 친구들과 고무줄놀이를 하다 보면 짓궂은 남자아이들이 연필 깎는 칼로 고무줄을 끊고 달아났습니다.

반팔 티셔츠나 반바지를 입고 들어가 뛰어놀다가 팽팽하게 당겨진 고무줄이 끊어져 살에 맞으면 따갑고 살갗이 아프기도 했습니다. 대부분의 친구들은 속이 상해 주저앉아서 울었지만 저와 경란이, 경옥이는 끝까지 쫓아가서 사과를 받아냈습니다.

처음 동생과 둘이 놀 때는 방 문고리나 나무기둥에 한쪽 끝을 묶어두고 한 사람이 고무줄을 늘어나도록 팽팽하게 잡은 채 놀았습니다.

혼자서 놀 때는 기둥이나 나무의 양쪽에 묶어서 놀면 고무줄 높이가 일정해서 놀이하기 편하지만, 기둥과 나무 사이가 마당에서 대각선으로 멀리 떨어져 있기 때문에 고무줄이 짧을 경우 일반 끈과 함께 이어서 묶어야 하므로 불편하고 탄성도 떨어져 고무줄놀이가 신이 나지 않았습니다.

셋이서 노는 것이 가장 이상적이었고 기본이었습니다. 갖고 있는 고무줄의 길이에 맞춰 양쪽에서 잡아줄 수 있고 고무줄의 팽팽한 정도도 쉽게 맞출 수 있어 편리했으며 각자 갖고 있는 고무줄을 연결하면 마음껏 뛸 수 있는 긴 고무줄이 되었고 무엇보다도 노래를 불러주기 때문에 박자에 맞추어 놀이하기에 좋았습니다. 고무줄놀이는 친구들이 많으면 많을수록 재미있는 놀이였습니다.

땀을 흠뻑 흘릴 수 있는 가장 운동량이 많은 놀이 중의 하나였으며 놀이를 통해 스스로 호흡 조절까지 하며 높은 곳의 고무줄을 향해 다리를 뻗어 걸어야 했던 키가 작았던 저에게는 도전적인 놀이이기도 했습니다.

고무줄을 팽팽하게 잡았다가 놓치게 되면 반바지를 입은 살갗에 닿으면서 튕겨지므로 다리가 따갑도록 아프기도 해 긴바지를 입고하는 것이 여러모로 안전합니다.

고무줄놀이 방법은 매우 다양했습니다. 고무줄을 밟고 건너기, 밟지 않고 건너기, 한발로 건너기, 두 발을 모아 고무줄을 건너뛰기, 고무줄을 건드리지 않고 뛰어넘기, 제자리에서 뛰어넘기, 도움닫기로 뛰어넘기, 물구나무서서 넘기, 고무줄을 밟으면서 제자리에서 뛰기, 노래에 맞추어 이미 다양한 동작으로 구성된 고무

경험 놀이마당

줄놀이하기 등 좀 더 생각해 보면 놀이 방법이 더 있을 수도 있을 것 같은 매우 다양한 놀이를 만들어 놀았었습니다.

단체줄넘기처럼 밧줄 대신 여러 개의 고무줄을 길게 묶어 양쪽에서 고무줄을 돌리고 뛰어들어가 고무줄넘기를 하기도 했습니다.

고무줄놀이 규칙도 매우 다양했습니다. 양쪽에서 고무줄을 무릎이나 다리에 걸어 길게 늘려 잡고 서 있으면 고무줄을 건널 때 건드려도 되고 건드리지 말아야 하는 놀이 등 규칙은 그때그때의 놀이 친구 수준에 따라 만들어 놀면 됩니다.

허리 위치의 고무줄을 건드리지 않고 놀기란 매우 힘들며 고난도의 기술이 필요한 놀이였습니다.

고무줄을 제일 잘하는 친구는 '왔다리 갔다리'가 되어 못 하는 팀의 위기를 구해주는 융통성을 발휘하는 놀이이기도 했습니다.

심지어는 눈을 감고 고무줄을 건드리지 않고 뛰어 놀기까지 우리가 만들어 노는 것이 곧 놀이의 규칙이 되었으므로 매우 흥미진진한 고무줄놀이가 되었습니다.

고무줄의 높이 위치는 고무줄을 발로 밟는 땅바닥의 위치에서 발목으로 올리고 무릎까지 그다음은 허벅지, 허리, 가슴, 목, 입, 코, 귀에 대고 다음은 단계는 고무줄을 정수리에 갖다 대고 놀았습니다.

그래도 끝난 것이 아니었습니다. 그다음 단계는 머리 위에 손을 한 뼘 올린 위치에 고무줄을 대고 놀다가 성공하면 팔을 완전히 높이 들고 고무줄을 잡으면 만세라는 단계라고 불렀습니다.

마지막 최종단계는 만세 단계에서 발뒤꿈치를 들고 고무줄이 흔들리지 않게 균형을 잡고 서 있어야 하는 만만세 단계였습니다.

이 단계에서는 고무줄을 잡아주는 사람도 고무줄을 하는 사람도 모두 긴장되고 힘들었지만 도전하기 전의 긴장감이나 도전을 성공했을 때의 구경하는 친구들의 환호성으로 그 놀이의 대가는 충분했습니다.

이 만만세 단계에서 고무줄을 뛰어서 다리에 걸거나 물구나무를 서서 두 발로 고무줄을 넘으면 고무줄놀이 세계를 평정하는 사람이 되며, 그다음의 고무줄놀이부터는 어느 편도 아닌 '왔다리 갔다리'가 되어 맘껏 고무줄놀이를 할 수 있었습니다.

새 검정 고무줄은 며칠만 지나면 끊어져서 잇고 또 잇고를 반복해 너덜너덜해졌지만 길이는 점점 길어졌으며 나중에는 돌돌 말아 감으면 작은 공만큼 큰 동그란 고무줄 뭉치 보물이 되었습니다.

고무줄도 지금처럼 질기지 않아 금방 삭았으므로 운동장에서 긴 시간 고무줄을 늘려가며 놀다 보면 자연적으로 뚝뚝 끊어지는 경우도 많았습니다.

제가 유일하게 돈을 주고 사는 놀이도구가 검정 고무줄이었습니다. 그러던 어느 날 고무줄 바지에 새 고무줄을 옷핀에 꽂아 갈

경험 놀이마당

아 끼우시는 엄마 모습을 본 뒤로는 반짇고리에 항상 고무줄이 있다는 것을 알고 사지 않고 놀 수 있었습니다.

 제 인생에 있어서 가장 스릴 넘치는 놀이를 뽑으라고 하면 저는 주저 없이 고무줄놀이를 뽑을 수 있으며, 그네뛰기와 함께 제 삶에서 자신감을 갖게 해준 놀이라고 자신 있게 말씀드릴 수 있습니다.

 이러한 놀이의 긍정적인 결과는 어느 누구에게도 간섭받지 않고 에너지를 발산하며 실컷 놀고 나서 내일은 무엇을 하고 놀까 궁리하면서 행복한 잠자리에 들었던 어린 시절이 있기에 가능했었음을 밝힙니다.

굵은 동아줄을 크게 휘돌리며 하는 단체줄넘기가 무서워 못하는 동네 아이들을 데리고 쉬운 줄넘기 놀이를 만들어서 놀았습니다.

새끼를 꼬아 물에 적시면 적당한 무게의 휘돌리기 좋은 줄이 완성됩니다. 이 기다란 새끼줄을 양쪽 끝에서 잡고 좌우로 작게 또는 크게 왔다 갔다 흔들어 주기만 합니다. 새끼줄을 휘돌리지 않고 땅바닥을 스치며 왔다 갔다 하므로 두려움을 느끼지 않고 용기를 내서 줄을 뛰어넘기만 하면 되고, 적당한 리듬을 타면서 제자리에서 뛰어주기만 하면 됩니다.

"큰 파도 작은 파도 큰 파도 작은 파도 시꼴레 시꼴레 시꼴레 뽕."

재미있는 놀이 가사로 노래를 부르며 둘이서 새끼줄을 흔들면 다른 한명이 박자에 맞추어 줄넘기 놀이를 했습니다.

"큰 파도 작은 파도 큰 파도 작은 파도."에서는 좌우로 뛰어넘다가 자신감이 생길 무렵 "시꼴레 시꼴레 시꼴레."에서 새끼줄을 둥글고 크게 휘돌리면 제자리에서 세 번 뛰어넘고 "뽕."에서 한 발을 들어 새끼줄에 걸어 멈추면 완성되는 놀이였습니다.

새끼줄이 크고 작게 좌우로 왔다 갔다 하는 모습이 마치 파도 치는 것과 흡사하다고 생각했기에 모두 입을 모아 신나게 불렀던 것입니다.

그러고 보니 놀이도 지리적 환경에 영향을 받는다는 생각이 듭니다.

이 새끼 줄넘기 놀이를 잘하게 되면 다음은 "꼬마야 꼬마야 뒤를 돌아라. 꼬마야 꼬마야 땅을 짚어라. 꼬마야 꼬마야 만세를 불러라. 꼬마야 꼬마야 잘 가거라. 안녕." 이라는 노랫말에 따라 그대로 동작을 따라 하는 놀이를 했습니다.

이 놀이에 성공하는 동네 아이들은 그리 많지 않았습니다. 이 놀이를 잘하는 친구들 세 명이 단체로 들어가서 새끼줄을 뛰어넘으면서 "꼬마야 꼬마야" 노랫말에 따라 줄에 걸리지 않고 놀이를 완성하면 그렇게 뿌듯할 수가 없었습니다.

새끼 줄넘기 놀이를 잘하는 친구를 뽑아서 이번에는 문방구에서 파는 플라스틱 손잡이가 있는 고무줄넘기를 사서 함께 놀았습니다.

친구가 줄넘기를 하면 제가 친구 앞으로 뛰어 들어가서 '꼬마야 꼬마야' 놀이를 하고 만세까지 부르고 노랫말의 '안녕'에서 줄넘기를 빠져나왔습니다. 같은 방법으로 서로 주거니 받거니 하면서 우리들은 하루 종일 뛰어도 힘든 줄 몰랐습니다.

고무줄넘기로 앞으로 백 번 뛰어넘고 뒤로 열 번 뛰어넘고 팔을 서로 X자 모양으로 만들었다 풀었다 하면서 뛰어넘기도 하고,

두 손을 팔 뒤꿈치까지 서로 포개서 앞으로 또는 뒤로 돌리면서 뛰어넘기도 하고, 점프를 가장 높게 또는 가장 낮게 뛰어보기도 하고, 이단 줄넘기 뛰기를 하다가 싫증이 나면 줄넘기 손잡이 한 쪽을 떼어 내고 서로 줄넘기를 묶어서 단체줄넘기를 했습니다.

훗날 교사가 되어서 리듬 체조선수 출신이 아닌 제가 학교 대표 리듬 체조부를 맡아 지도해서 대회에 나갈 때에도 겁내지 않고 줄 체조를 창작하는 과정이 즐겁고 재미있었던 이유는 어릴 적 줄넘기로 다양한 놀이를 해봤기에 가능했었음을 저는 잘 알고 있습니다.

이렇게 줄넘기 하나만으로도 계속 단계를 올리며 놀았기 때문에 어른들이 보시면 똑같은 줄넘기를 매일 하는 것처럼 보여도 어린이들은 매일 새로운 줄넘기 놀이를 창의적으로 하고 있다는 것을 알아야 할 것입니다.

경험 놀이마당

❦❦❦ 놀이마당 13 귓속말 전하기

별로 중요하지 않은 말도 귀에 대고 소곤소곤 말하는 놀이입니다. 귓속말을 듣고 또 다른 사람에게 귓속말로 같은 내용을 전하면 되는 놀이로 처음 말한 사람과 마지막으로 들은 사람의 말을 서로 확인하면 올바로 전했는지의 여부를 알 수 있는 놀이입니다.

귓속이 간질간질해서 움찔하면서도 귀 기울여 집중했던 생각이 납니다.

일반 가정에 전화가 귀하던 시대라 말을 바꾸지 않고 들은 말을 그대로 전하는 놀이이니 삶에 꼭 필요한 말 전하기 연습을 놀이로 재미있게 했던 것 같습니다.

❁❁❁ 놀이마당 14 말뚝박기

　이 말뚝박기 놀이는 오늘 고향 친구와 통화를 하면서 아주 크게 웃었던 또 하나의 추억을 만들어 준 놀이입니다.
　초등학교는 서로 다른 곳을 다녔고 여중학교에서 만난 매우 조용한 친구라 당연히 말뚝박기 놀이는 못 해봤을 줄 알고 대화를 시작했었는데 의외로 너무 생생하게 말뚝박기 놀이를 말로서 재현해 내는지라 깜짝 놀랐습니다.

　그것도 그럴 것이 말뚝박기 놀이는 남자들이 주로 하는 놀이였고 워낙 얌전하고 실장이면서 공부만 하다가 강릉여고로 유학을 떠났던 친구이기에 당연히 안 했을 것이라고 생각했던 것입니다.
　게다가 이 친구는 주로 초등학교 때 주로 남자 친구들과 했으며 같은 마을도 아닌 다른 마을에 원정 가서 친구들과 말뚝박기를 하고 놀았던 추억을 신이 나서 말하기 시작했습니다.

　말뚝박기 놀이에서 무엇이 가장 재미있었느냐고 물었더니 친구들을 쓰러뜨리는 놀이가 제일 재미있었다고 말했습니다.
　우리는 말뚝박기 놀이를 떠올리면서 누가 먼저랄 것도 없이 서로 번갈아 가며 또는 동시에 말을 하면서 참 오랜만에 소리 내서 한참을 웃었습니다.

　"말뚝박기 놀이를 하려면 가위바위보도 잘해야 했단다."

경험 놀이마당

"맞아! 맞아!" "아이들이 잘 올라타지 못하도록 맨 뒤에서 머리를 박은 친구는 가장 키가 큰 친구를 세웠었어."

"그렇지. 엉덩이를 최대한 올리고 있으면 뛰어 올라타기 힘들었어."

"그래, 올라타고 앞으로 다가갈 때 일부러 등을 제공한 친구들을 흔들어 댔었지."

"올라탈 때도 일부러 쿵 떨어지면서 흔들어 넘어뜨리려고 했었어."

"쓰러진 친구들은 머리가 귀신같이 헝클어지고 얼굴 여기저기도 짓눌려 빨갛게 변해 있었어."

그동안은 서로 품위를 지키며 점잖은 대화 중심이었으나 마치 놀이 현장을 중계방송이라도 하듯이 이처럼 신나서 끊임없이 이야기를 이어갔던 적이 우리는 서로 처음이었습니다.

말뚝박기 놀이는 사람이 많으면 많을수록 재미있는 놀이입니다. 두 편으로 나누어 같은 편끼리 서로 협동해서 하는 놀이로 친구들이 여럿이 모이면 즉흥적으로 이루어지는 놀이였습니다.

두 팀 대표가 서로 가위바위보를 해서 지는 편이 벽이나 전봇대에 기대서 의지할 한 사람을 세웁니다. 나머지 친구들 중 한 사람은 서 있는 친구의 사타구니 사이에 머리를 들이대고 흔들리지 않게 다리를 벌린 채 말뚝을 박습니다. 이어서 다른 친구들도 같은 방법으로 머리를 박고 한 줄로 길게 늘어선 채 등으로 이어지도록 만듭니다.

상대편 친구들이 등위로 뛰어올라야 하기 때문에 넘어지지 않도록 단단히 몸을 유지하려면 최대한 다리를 벌려야 비교적 안전합니다.

될 수 있는 한 몸집이 크고 건강하거나 키 큰 친구들을 뒤에 가서 머리를 박도록 해야 계속해서 연달아 짓궂게 뛰어오르는 상대편 친구들의 몸무게와 충격을 견딜 수 있었으며, 뛰어 올라탄 친구들도 등 위에 앉은 채 모두 전봇대에 기댄 친구 앞으로 가서 붙어야 하기 때문에 운동신경이 좋고 날렵한 친구를 제일 먼저 뛰어오르도록 했습니다.

말뚝박기 놀이는 아래에 머리를 박고 최대한 버텨야 하며, 모두 안전하게 올라타야 하는 놀이입니다.

만일 어느 한 명이 올라타지 못하거나 떨어지거나 쓰러지면 지는 놀이이기 때문에 아래에 있는 팀은 최대한 버티려고 안간힘을 쓰고 올라탄 팀은 쓰러뜨리려고 온갖 수단을 동원합니다.

서로 실력이 비슷해 팽팽하게 버틸 경우는 똥집을 해서 쓰러뜨리는 짓궂은 반칙을 범하는 친구들이 있기도 하지만 아무리 놀이의 과정이 힘들고 놀이 끝이 난장판이 되었어도 말뚝박기 놀이의 결과는 항상 웃음꽃으로 마무리되었습니다. 말뚝박기 놀이를 하느라 힘들어서 눈물이 찔끔 나와서 울다가도 곧 호탕하게 서로

경험 놀이마당

바라보고 웃으면서 놀이를 끝냈습니다. 혹시 조그만 상처가 났어도 홀홀 털어버리고 말았기에 다음날 같은 놀이가 반복될 수 있었습니다.

이렇게 놀이는 하고 싶으면 하고 하기 싫으면 안 해도 되며 놀이에 지든 이기든 상관없이 모두 재미있었습니다.

🍀🍀🍀 놀이마당 15 두꺼비집 만들기

해 질 무렵 꽃밭에서 두꺼비가 기어 나와 처마 밑으로 들어가면 내일 비가 오려나 보다고 어머니께서 말씀하셨습니다.
다음날 정말 비가 왔는지의 여부는 기억에 남아 있지 않았으나 두꺼비집짓기 놀이를 한 적은 기억에 남아 있습니다.

바닷가에서 마른 모래를 깊이 파헤치면 조금 촉촉한 모래가 나옵니다. 왼손을 바닥에 펴고 손등 위에 모래를 끌어모아 오른손으로 모래를 토닥토닥 다지면서 "두껍아 두껍아 헌 집 줄게 새집 다오."를 목청껏 불렀습니다.
정성껏 모래를 다진 후에 왼손을 살짝 빼면 손목 근처의 입구는 부서지지만 두꺼비가 들어앉을 정도의 넉넉한 동굴이 만들어졌습니다.
여기에 만족하지 못하고 우리는 모래사장 위에서 파도치는 물가 근처로 달려가 젖은 모래로 다시 두꺼비집을 만들었습니다. 물론 마른 모래보다 훨씬 탄탄하고 좋은 두꺼비집이 완성되었습니다.

집으로 돌아와서는 꽃밭 근처의 흙으로 두꺼비집을 만들어 보기도 하고 우리 집 뒤에 사는 은자네 집 벽에 칠할 산에서 파다 놓은 진흙더미를 이용해 두꺼비집을 지으면 모양이 흐트러지지 않고 붉은 두꺼비집이 오래 남아 있었습니다.

이때마다 "두껍아 두껍아 헌 집 줄게 새집 다오." 노래를 불렀으며 흙과 진흙이 무릎에 묻은 바지는 얼른 손으로 세탁을 해서 마당 빨랫줄에 걸어두면 금방 말랐기 때문에 저는 항상 얌전하고 깨끗한 아이로 마을 어른들께 칭찬을 받았습니다.

이젠 두꺼비집이 아닌 제가 직접 설계한 도면으로 온 가족이 협동해서 멋진 정원이 있는 새집을 짓고 살고 싶은 욕심도 있지만 서두르지 않고 천천히 아주 천천히 시도해 볼 생각입니다.

그림자놀이는 가위바위보를 해서 먼저 술래를 정합니다. 술래가 달아나는 사람의 그림자를 밟으면, 그림자가 밟힌 사람이 술래가 되어 다시 놀이가 진행됩니다.

물론 흐린 날이나 비 오는 날엔 그림자가 생기지 않아 놀이를 할 수 없으며 맑고 화창한 날씨에 뛰어놀 수 있는 운동량이 많은 놀이입니다.

해를 뒤로하고 서면 그림자가 생깁니다. 해가 높이 떠 있는 한낮에는 그림자가 짧아지고 다시 점점 길어집니다.

그림자놀이는 해를 이용한 놀이로 좁은 마당보다는 넓은 운동장이 적당한 장소인 놀이입니다.

한 사람의 술래를 정해놓고 술래가 자신의 그림자를 밟지 못하게 도망 다니는 놀이입니다.

그림자의 원리를 잘 아는 사람은 해를 등지고 뛰어 도망가면 자신의 그림자를 앞에 두고 달리기 때문에 술래에게 잡힐 확률이 적어진다는 것을 알 수 있을 것입니다.

반대로 해를 향해 뛰면 그림자가 자신의 뒤에 있으므로 쉽게 밟힐 것이므로 빨리 달리는 것도 중요하지만 방향을 잘 선택에서 도망가는 것도 중요한 놀이입니다.

그러나 막상 놀이가 시작되면 아무 생각 없이 무조건 뛰게 되는 것이 그림자놀이를 경험한 사람의 심리이며 해의 위치를 살필 겨를도 없이 놀이가 진행됩니다.

일종의 관찰 놀이라고 할 수 있으며 해시계의 원리를 이해하는 데도 좋은 놀이입니다.

술래를 두 명 넣어 그림자놀이를 한다면 보다 많은 운동량을 늘릴 수 있는 놀이입니다.

❧ ❧ ❧ 놀이마당 17 밀어내기 놀이

이 놀이는 놀면서 지혜를 터득할 수 있는 놀이입니다. 처음에는 멋도 모르고 힘으로 이기려고 했지만 몇 번 해보면 요령을 터득하게 됩니다.

바닥에 선을 긋고 둘이 마주 보고 섭니다. 이 상태에서 다리를 적당히 벌려 안정감을 찾은 후 손바닥을 서로 마주 댄 상태에서 놀이가 시작됩니다. 놀이의 시작 신호에 맞춰서 서로 손바닥을 밀거나 신체를 밀어 상대방을 쓰러뜨리면 이기는 놀이입니다.

여기서 손바닥을 대기만 해야지 손깍지를 끼거나 손을 잡으면 반칙이 되므로 무조건 밀기만 해야 됩니다.

체격이나 몸무게가 비슷한 친구는 시작과 동시에 될 수 있는

경험 놀이마당

한 빨리 밀어 상대방의 균형을 잃게 만들면 유리한 놀이였습니다. 키 큰 친구나 뚱뚱한 친구들과 이 놀이를 할 때는 상대방의 힘을 역이용해서 밀면서 놀면 이길 승률이 있었습니다. 또한 상대가 힘을 쓸 때 빨리 피해 스스로 균형을 잃도록 하면 더 재미있습니다.

넘어지는 친구도 밀친 친구도 구경하는 친구들도 모두 웃음바다가 되는 참 재미있는 놀이였습니다.

다른 놀이에 비해 빨리 끝나기 때문에 친구들과 한 명 한 명 돌아가면서 골고루 놀이를 할 수 있으며, 두 명씩 짝을 지어 동시에 팀 경기 식으로 놀이를 해도 좋을 것 같다는 생각이 뇌리를 스칩니다.

밀어내기 놀이는 놀이를 통해 다리의 근력과 순발력은 물론 자신의 체격이나 힘이 또래들과 비교해서 어느 정도의 수준인지 파악할 수 있으며 넘어진 친구를 손을 내밀어 일으켜 주고 옷을 털어준다거나 때로는 살살 밀면서 배려를 배우면서 재미있게 놀 수 있기도 하고, 스스로 힘을 쓰다가 스스로 혼자 넘어지는 경우 실패도 웃으면서 웃어넘길 줄 아는 좋은 경험치가 쌓이는 놀이입니다.

큰댁은 딸이 없고 아들만 둘이 있어서 큰어머니께서 저를 유난히 예뻐해 주셨습니다. 큰댁 큰오빠는 장가를 가서도 아들만 셋 낳았으니 오빠들이 우리 집에 놀러 오면 귀찮을 정도로 저와 동생을 예뻐해 주셨습니다.

우리 할아버지께서 셋째 아들이셔서 친척 언니 오빠들은 모두 성인이었기 때문에 무등 태워주는 놀이는 식은 죽 먹기였습니다.

더군다나 저는 깡마른 몸이라 두 살이 많지만 동생과 비슷한 몸무게였으며 대학 때는 몸무게가 모자라 헌혈을 하지 못했을 정도로 또래들 보다 가벼웠습니다.

제 의사와는 관계없이 오빠들은 저를 덜렁 들어 목마를 태우고 이리저리 왔다 갔다 하면서 재미있다고 웃었습니다.

제 머리가 천장에 닿을락 말락 할 정도로 높이 올라가서 내려다보는 기분은 좋았지만 예쁘다고 볼을 잡고 흔들거나 간지럼을 태우는 등 귀찮게도 했기 때문에 오빠들이 오면 좋으면서 슬쩍 피하기도했던 추억이 있습니다.

제가 어른이 되어 아들을 낳아 기르면서 무등을 태워보니 친척 오빠들이 저를 얼마나 예뻐했는지를 더욱 알 수 있었습니다.

경험 놀이마당

큰댁 오빠들은 또 동생과 저를 업은 다음 가로로 눕혀 들고 다니면서 단지 팔기 놀이도 했습니다.

오빠들이 가고 나면 이번에는 제가 동생을 가로로 눕혀놓고 머리는 오른쪽 허리에 닿도록 들고 두 발은 왼쪽 허리에 닿도록 들고 단지를 팔려고 일어서려고 했으나 혼자서는 도저히 못 일어났었습니다.

그 이듬해가 되어서야 서서 동생 머리부터 오른쪽 허리에 대고 든 상태에서 땅에 있는 두 발을 겨우 들어 가로로 눕혀 들고 단지를 팔 수 있었습니다.

예나 지금이나 '똥'이라는 글자가 들어가면 더욱 재미있어했습니다.

동생을 가로로 눕혀 들고 다니면서 "단지 사이소. 똥 단지 사이소."라고 외치면 방안에 있는 가족들이 미워서 안 산다느니 이뻐서 사겠다느니, 얼마면 사겠다, 안 팔겠다는 등 하면서 흥정을 하는 놀이로, 끝은 항상 웃음바다가 되는 놀이였습니다.

특히 안전에 유의해야 하는 놀이로 등에 업은 다음 옆으로 뉘어 잡아야 하므로 업는 사람은 힘이 좋아야 하며 서로의 신뢰가 바탕으로 업고 업힐 수 있는 놀이입니다.

동생이 훌쩍 커버려 단지 팔기 놀이는 조금밖에 할 수 없어 아쉬움이 남았습니다.

♣♣♣ 놀이마당 20 색깔 잡기

아이들이 많으면 많을수록 다양한 색상을 찾을 수 있어서 좋으므로 반 전체가 함께하면 더욱 좋은 놀이입니다.

술래가 "검은색." 하고 외치면 옷이나 신발 양말 등에 있는 검은색을 짚으면 되는 놀이입니다. 자신의 옷에 없으면 친구의 옷이나 벽에 있는 색상을 찾아 만지면 됩니다.

만일 검은색을 만지지 못하거나 잡지 못하면 술래가 잡기 전에 도망을 다니면서 검은색을 찾아서 빨리 잡아야 되며 끝까지 검은색을 만지지 못하고 술래에게 잡히면 잡힌 사람이 술래가 되는 놀이입니다.

이 놀이는 협동을 하면 쉽지만 혼자서 모든 색상을 찾으려면 힘든 놀이가 됩니다.

처음에는 머리카락을 잡으면 되는 검은색처럼 잡기 쉽고 비교적 많이 보이는 색깔을 제시해서 자신감을 준 다음에 점점 눈에 보이지 않는 색깔을 제시하면 재미있는 놀이가 됩니다.

어떤 친구는 자신의 바지를 내려 팬티에 그려진 보라색까지 찾아내 친구들까지 팬티를 만지는 상황이 벌어지는 적극성을 보였으며 어떤 친구는 운동장을 지나가는 사람 옷에서 색깔을 찾기도 해 더욱 재미있는 색깔 찾기 놀이가 되었던 경험이 있습니다.

유아들에게 색 이름을 재미있게 가르쳐 줄 수 있는 색감 놀이로 활용해도 좋을 것 같습니다.

색깔 잡기 놀이를 변형해서 같은 옷 색깔끼리 모이기, 반팔 입은 사람끼리 모이기, 동그라미 무늬끼리 세모 무늬끼리 모이기 등 짝짓기 놀이로 다양하게 놀아도 좋습니다.

마당에서 색깔 잡기 놀이를 할 경우 좁아서 엄청 빨리 뛰어야 하고 뱅글뱅글 원을 그리며 도망가다가 심지어는 길가로 뛰어나가야 하는 경우도 있어 나름 재미있었던 추억의 놀이입니다.

❀ ❀ ❀ 놀이마당 21 색안경 놀이

햇살이 비치는 봄날 동생과 함께 셀로판지를 갖고 마당에 나와 태양을 쳐다보지만 곧 눈을 찡그렸습니다.

우리가 노란색, 파란색, 빨간색, 초록색 셀로판지를 눈에 갖다 대고 세상을 바라보면 온통 세상이 그 색깔로 보이는 신기한 놀이였습니다.

노란색 셀로판지를 눈에 갖다 대면 감나무, 수돗가, 꽃밭, 지나가는 사람들과 자동차 모두 노란색 바탕의 그림이 되었습니다.

빨간색 셀로판지로 보면 하늘도 모두 어두운 빨간색이 되므로 우리는 바닷가까지 걸어나가면서 노랑, 초록 셀로판지로 상상의 그림을 그렸습니다.

셀로판지 놀이가 시들해지면 깨진 병 조각을 깨끗이 씻어 색유리로 세상을 바라보는 재미도 쏠쏠했었습니다. 사이다, 콜라, 환타, 써니텐, 맥콜, 주스, 위스키 병을 통해서 세상을 들여다보면 더 예뻤습니다.

여름방학이면 피서객들로 발 딛을 틈이 없었던 바닷가 모래사장이나 마을 곳곳에는 피서객들이 밑반찬을 담아왔다가 버리고 간 크고 작은 유리병들을 많이 볼 수가 있었습니다.

바닷가 파도에 떠밀려 나온 닳고 닳은 유리 조각은 보석처럼 예뻤으며, 그 초록색 유리 조각을 통해 보았던 드넓은 백사장의 또 다른 초록 세계는 아마도 제가 지금 꿈꾸고 있는 식물의 초록 세계와 비슷한 것 같습니다.

성인이 되어 운전용 선글라스를 쓸 때면 어릴 적 마당에서 손바닥보다 작은 셀로판지로 서로를 바라보며 낄낄대던 그 순간이 자주 떠올라 바보처럼 혼자서 웃곤 합니다.

놀이는 이렇게 행복했던 순간을 되새김질하는 긍정적 효과가 있습니다. 문득 셀로판지를 갖고 놀았던 그 날부터 지금까지 혹시나 마음에 드는 한 가지 색상의 셀로판지로만 세상을 보려고 했던 건 아닌지 반성도 해봅니다.

❦❦❦ 놀이마당 22 거울 놀이

해가 떠 있는 맑은 날에 손거울로 햇빛을 반사하는 놀이로 혼자보다는 둘이서 하면 더욱 재미있는 놀이입니다.

지금은 말도 안 되는 일이지만 1970년대 여중학교에서는 반짇고리 손거울 속옷 등 소지품을 검사했었습니다. 갖고 다니지 않으면 꾸중을 들었기에 언니 가방에는 항상 손거울이 있었으므로 동생과 둘이서 햇빛 반사 놀이를 가끔 했습니다.

손거울로 햇빛을 반사시켜 목표물에 빛을 보내는 놀이인데 점점 욕심이 생겨 작은 손거울에서 목욕탕에 걸어둔 둥근 거울까지 동원해서 햇빛을 반사시켰습니다.

아마도 공부방 벽에 세워둔 큰 거울을 들 수 있었다면 밖으로 갖고 나와서 놀았을 것이나 너무 크고 무거워 엄두가 나지 않아 포기했습니다.

한자리에서 오랜 시간 빛을 모으면 종이도 태울 수 있는 위험성도 있기 때문에 잠깐 놀고 거울을 책상 서랍이나 볕이 들지 않는 그늘에서 보관해야 합니다.

❀ ❀ ❀ 놀이마당 23 자석 놀이

과학시간에 자석에 대해서 배운 날은 집으로 돌아와 복습으로서의 공부가 아닌 놀이가 되었습니다.

학교에서 돌아오면 동네 아이들과 철광석을 가득 실은 트럭이 많이 다니는 광산에서 속초항으로 가는 길인 대로변에서 자석으로 철가루를 모으는 놀이를 했습니다.

고운 흙 속이나 아스팔트 위에 자석을 갖다 대면 막대 모양 자석이나 말굽 모양의 자석으로 일정한 모양의 철가루들이 길게 달라붙어 줄줄이 연결되어 따라오는 모양이 참 재미있었습니다.

말굽자석을 공중으로 높이 들면 일렬을 지어 뭉쳐지며 따라오던 철가루 덩어리가 바닥으로 뚝 떨어지기도 했습니다.

무엇보다도 아무것도 없는 곳에서 자석을 갖다 대면 철가루들이 나와 금방 병 속에 모이는 것이 신기하기도 하고 마치 무에서 유가 창조되는 듯해서 하루 종일 자석 놀이를 했으며 모아진 철가루는 집으로 가져왔습니다.

엄마가 철가루를 집안으로 들이시는 것을 싫어하셨기에 마당 평상 위에 깔아놓은 멍석 위에 앉아서 또 다른 자석 그림 놀이를 했습니다.

책받침이나 하얀 도화지 위에 철가루를 수북하게 뿌려 놓고 책받침과 도화지 밑에 자석을 대고 왔다 갔다 하면 자석이 지나가

경험 놀이마당

는 자리의 철가루들이 곤두서서 따라 다녔습니다.

　이렇게 도화지나 책받침 위에 철가루로 그림을 그리다 보면 멍석 위에 철가루가 많이 떨어져 구멍이 숭숭 난 곳으로 들어가지만 우리들은 아랑곳하지 않고 자석 그림 그리기 놀이를 계속 즐겼습니다.

　자석 그림 그리기 놀이가 끝나면 자석을 멍석 위에 갖다 대기만 해도 철가루들이 줄줄이 달라붙어 나오기 때문에 뒤처리는 매우 간단했으므로 걱정할 필요가 전혀 없었습니다.

　자석 놀이가 끝난 후 깡통에 모은 철가루를 어떻게 했는지에 대해서는 전혀 생각이 나지 않습니다.

　밤이면 방안에서는 종이인형 놀이를 했습니다. 두꺼운 도화지에 인형을 그려 가위로 오려서 갖고 싶은 인형을 만들었습니다. 분홍색 도화지에 그림을 그려 넣어 예쁜 분홍 드레스를 만들어 종이인형에 입혀 바닥에 눕히거나 손으로 들고 놀았습니다.

　자석 놀이를 한 후부터는 압정에 종이인형을 세워 책받침 위에 세워놓고 자석을 책받침 밑에 대고 왔다 갔다 하면서 종이인형이 마치 걷는 것처럼 만들어서 놀고 싶었지만 상상처럼 쉽지가 않았습니다.

　두꺼운 도화지에 그리면 너무 무거워서 작은 압정이 지탱하지를 못했고 얇은 종이에 인형을 그리면 종이인형 자체가 스스로 서지 못할 뿐만 아니라 예쁜 옷도 입혀 세울 수 없었습니다.

고민 끝에 두꺼운 종이로 아주 작게 인형을 그려 압정에 꽂아 자석으로 세우고 잠시 놀았던 경험이 전부였지만 종이인형 놀이를 하는 과정이 너무 힘들었으며 짧지만 강렬했던 입체적인 종이인형 놀이였습니다.

자석 놀이는 철가루 모으기 놀이에서 자석 그림 그리기 놀이로 바뀌고 이 놀이는 다시 입체적인 종이인형 놀이로 바뀌었습니다.
새로 배웠거나 알고 있는 지식을 동원해 스스로 발전된 놀이를 만들어 놀았던 것입니다. 부모님께서 일하러 나가셨고 하루 종일 동생과 함께 시간을 보내야 했으므로 놀잇감이 궁색했기에 무엇인가 자꾸 찾아서 놀았던 것 같습니다.
지금 생각해 보면 자연에서 그냥 놀았을 뿐인데 그 놀이가 복습이 되고 예습이 되었던 적이 많았었기에 저는 참 운이 좋은 사람이라고 생각했던 적이 있었습니다.

이러한 자석놀이 경험이 있었기에 저는 제 아이들에게도 장난감을 많이 사주지 않았습니다.
언니나 동생이 조카에게 장난감 선물로 준 것 말고는 어쩌다 둘이 함께 놀 수 있는 장난감을 사주거나 평소 갖고 싶어 하던 장난감만 크리스마스 선물로 주었습니다.
맞벌이 부부라서 외할머니께서 키워주셨기에 주말이면 장난감 대신 될 수 있는 한 산과 들, 바다로 데리고 다니려고 노력했습니다.

경험 놀이마당

두 아들과 함께 있을 때면 장난감 놀이보다도 눈을 자주 맞추고 눈빛을 교환하거나 스킨십과 대화를 많이 시도했었습니다. 그 결과 심성이나 인지 발달 면에서 성인이 된 지금 감사하게도 만족하고 있습니다.

♣♣♣ 놀이마당 24 스팀 그림 그리기

유리나 거울에 입김을 불어 뿌옇게 만든 후 손가락으로 그리고 싶은 그림을 그리는 놀이이므로 비 오는 날 차 안에서 또는 한겨울에 하면 좋은 놀이입니다.

1970년대 집에 자가용이 없었으므로 주로 거울로 스팀 그림을 그렸으며 어쩌다 시내버스나 콜택시를 타고 외할머니 댁에 갈 때 창문에 입김을 불어 그림을 그릴 수 있었습니다.
공중목욕탕의 거울도 힘들이지 않고 스팀 그림 그리기 좋은 놀이 장소였습니다.

한겨울 마루 유리창에 입김을 불어 스팀 그림을 그릴 수 있었지만 가끔 대청소할 때 유리창을 닦아야 하기에 얼룩지거나 손으로 만지지 않으려고 노력했습니다.

❀❀❀ 놀이마당 25 그림 놀이

　새벽에 일어나 어제 동네 아이들과 늦게까지 뛰어놀던 수많은 발자국들을 싸리비로 쓸고 큰길 나가는 길과 옆집 가는 길까지 먼지를 일으키며 힘껏 휘휘 쓸고 나서 깨끗해진 길과 마당을 보면 흐뭇해졌습니다.

　저도 모르는 사이에 앉아서 손가락으로 마당 흙 위에 꽃과 나무를 그리다가 성에 안 차면 나뭇가지로 그림을 그렸던 기억이 납니다.
　이곳저곳 사람도 그려보고 집도 그려보고 갖고 싶은 인형 옷도 그려보고 동화책 주인공을 그려보기도 했습니다. 잘못 그리면 손바닥으로 슥 지우기만 하면 되므로 마당은 참 편리한 도화지가 되었습니다.

　아침 일찍 마당에 나가면 촉촉한 느낌의 고운 흙이라 손가락으로도 잘 그려집니다. 전용 나무젓가락을 저만 아는 곳에 숨겨두고 그림 붓 대신 사용하기도 했습니다.
　좀 잘 그렸다 싶으면 지우지 않고 학교에 갑니다. 오후에 집에 돌아왔을 때 그 그림의 선 따라 몽글몽글 작은 흙 알갱이들이 뭉쳐 말라 있는 모습이 재미있고 신기해 한참 들여다보곤 감상을 했습니다.

마당 그림 놀이는 학교 운동장 그림 놀이로 이어지고 바닷가 모래사장 그림 놀이로 확대됩니다.

달력 뒷면은 도화지보다 더 크기 때문에 많은 것들을 그릴 수 있었습니다. 나무를 그릴 때도 백과사전에서 보았던 다른 나라의 나무를 멋들어지게 그려보기도 하고 《잭과 콩나무》를 읽고 상상 속의 나무를 그리기도 했습니다. 달력 속에 있는 스위스의 멋진 풍경 사진도 따라 그려보면서 크면 아름다운 그곳에 꼭 가보고 싶다는 생각을 하곤 했습니다.

달력 뒷면 흰색은 밑그림 그리기는 좋지만 크레파스가 밀려 잘 칠해지지 않기 때문에 주로 볼펜으로 그렸습니다. 방안에서 그림 놀이가 싫어지면 풀과 달력 한 장을 쭉 찢어 둘둘 말아서 바닷가로 나갔습니다.

모래사장에서 달력 뒷면에 풀로 그림을 그립니다. 풀을 듬뿍 바르기 위해 꾹꾹 눌러가면서 그려야 하므로 대부분 굵은 선으로 표현할 수밖에 없었습니다. 풀로 밑그림을 그리고 나면 바짝 마른 모래만 두 손으로 골라 담아 밑그림 위에 모래를 솔솔 뿌립니다.

하얗게 반짝이는 모래그림이 하나둘 완성되어 나무와 꽃, 구름이 나올 때의 기분은 매우 좋습니다. 크레파스나 물감으로 그리는 그림보다 훨씬 빠른 시간에 편하게 완성할 수 있어 어린 동생도 잘 따라 할 수 있었습니다.

모래가 묻어나올 것을 예상하면서 밑그림을 그려야하기 때문에 풀로 그린 밑그림의 완성도에 따라 그림의 묵직한 정도가 다르기도 합니다.

그 밖에 모래 놀이 그림을 완성해 본 사람만이 알 수 있는 묘한 매력이 있습니다.

집 앞의 밭에 있는 검은 흙을 뿌려보았었는데 바탕그림의 풀이 묻지 않은 부분까지도 미세먼지가 묻어 지저분한 것이 작품으로 보기 어려워 다시는 하지 않기로 마음먹고 동생을 데리고 어린아이 걸음으로 꽤 떨어진 곳에 있는 바닷가 모래사장까지 걸어가서 모래그림 놀이를 했습니다.

🍀🍀🍀 놀이마당 26 꼬리잡기

꼬리잡기 놀이는 말 그대로 팀원의 꼬리 부분에 있는 사람을 잡으면 잡은 팀이 이기는 놀이입니다.

어린이들을 두 팀으로 나누어 각 팀의 대표를 정한 뒤, 대표를 맨 앞에 세워 서로 허리나 어깨를 잡고 한 줄로 늘어섭니다. 대표는 리더가 되어 팀을 통솔하며 허리나 어깨를 잡고 길게 늘어선 줄이 왔다 갔다 하면서 꼬리에 있는 사람을 상대편에게 잡히지 않게 보호하는 놀이입니다.

맨 앞에 있는 사람이 상대편 팀의 꼬리 부분에 있는 사람을 잡

경험 놀이마당

기 위해선 머리를 잘 써야 하고 발이 빠르거나 힘이 세야 상대 팀을 견제하면서 자신의 팀 꼬리 부분에 있는 사람들도 잘 보호할 수 있습니다.

단체놀이이기 때문에 리더십이 좋고 협동심을 발휘해서 놀이 전략도 잘 세워야 이길 수 있습니다.

꼬리가 길면 길수록 재미있고 앞부분보다 꼬리 부분 쪽에 있는 사람들의 움직임이 더 크고 많이 뛰어다녀야 하기 때문에 꼬리 부분에 달리기를 잘하고 지구력이 좋은 친구를 배치하면 유리한 놀이가 됩니다.

앞사람의 어깨나 허리를 잡고 길게 한 줄로 늘어선 채 잡히지 않으려고 뛰어다니다 보면 지쳐서 줄줄이 쓰러지기도 하고 앞사람을 놓치게 되어 연결고리가 끊어지게 되는 팀이 놀이에서 지게 되며 물론 놀이가 끝나게 됩니다. 같은 방법으로 팀의 대표와 꼬리 부분의 사람들을 교체하면서 놀이는 계속 이어집니다.

♣♣♣ 놀이마당 27 우리 집에 왜 왔니

마당에서 동네 아이들이 모이면 나이와 관계없이 모두 함께 손을 잡고 합창을 하며 놀았습니다.

반 전체가 두 편으로 나누어 한 줄로 길게 손을 잡고, 두 줄이 서로 마주 보면서 앞으로 뒤로 왔다 갔다 하면서 다음과 같은 노래를 부르며 하는 놀이입니다.

"우리 집에 왜 왔니 왜 왔니 왜 왔니."
"꽃 찾으러 왔단다 왔단다 왔단다."
"무슨 꽃을 찾으러 왔느냐 왔느냐."
"미숙이 꽃을 찾으러 왔단다 왔단다."
모두 함께 "가위 바위 보."

미숙이는 진 팀에 속해 있는 상태이며, 가위바위보에서 이긴 팀이 미숙이를 데려가는 놀이입니다.

또 같은 노래를 반복해 부르면서 이번에는 "은자 꽃을 찾으러 왔단다 왔단다." 하고 이기면 은자를 데려갑니다.

어느 한 편은 점점 줄어들고 가위바위보를 잘하는 팀은 사람 꽃들이 점점 늘어나기 때문에 팀원들이 돌아가면서 가위바위보를 했습니다.

우리 집에 왜 왔니 놀이는 팀원 전체가 이름이 불리 우는 모두

경험 놀이마당

가 주인공이 될 수 있는 놀이이며, 누구나 대표로 가위바위보를 하면서 모두가 놀이의 주체가 될 수 있는, 벌칙이 없고 사람을 꽃으로 생각하고 표현하는 추천할만한 좋은 단체놀이라고 생각합니다.

♣ ♣ ♣놀이마당 28 머리 땋기 놀이

시내버스에서 내려 낙산해수욕장 기존 지구로 들어가는 아스팔트 길 좌우로 큰 솔밭이 있습니다. 이 큰 솔밭에 들어가면 여러 가지 종류의 다양한 나물과 풀들이 있었는데 아름드리 소나무 그늘 아래 여자 머리카락처럼 가늘고 긴 풀이 자라고 있었습니다. 이 풀은 한 장소에 수북하게 자라는데 솔밭 여기저기 군데군데 듬성듬성 자라고 있었습니다.

이것 또한 그냥 지나칠 우리가 아니었습니다. 각자 풀 한 무더기씩 차지하고 앉아 손가락으로 빗질을 한 후 머리를 땋기 시작했습니다. 먼저 세 가닥으로 나누어 머리를 땋은 후, 땋은 머리 세 가닥을 다시 꼬아서 땋기도 했습니다.

잘못 땋으면 다시 풀어서 땋으면 되었기에 머리 땋기 놀이를 마음껏 할 수 있었으며, 더불어 연습은 덤으로 되어 제법 머리를 잘 땋을 수 있었습니다.

그러나 제 머리를 한 번도 스스로 땋아본 적은 없었습니다. 당시 제 머리는 배냇머리를 자르지 않고 길러 머리카락을 땋아서 허리까지 왔었습니다.

중학교 입학 전까지 한 번도 자른 적이 없었으니 머리를 감겨주시고 동백기름을 발라 땋아주시는 엄마의 손길이 그렇게 좋을 수가 없었습니다. 그땐 미처 몰랐었는데 지금 생각해 보니 아마도 엄마나 언니가 머리 땋아주는 손길이 너무 좋아서 스스로 땋으려는 노력을 하지 않고 빗을 들고 졸졸 따라다녔었나 봅니다.

사람들이 많이 걸어 다니고 손수레나 우마차가 굴러다니는 우리 집 앞길에는 나란히 맥 잎의 길고 질긴 풀이 자라고 있었습니다.

이 풀의 밑둥이를 잡아당기면 풀이 끊어지면서 뽑혀 나오는데 아랫부분의 노오란 줄기 부분은 가끔 먹기도 했습니다.

우리는 이 질긴 풀로도 머리를 땋기도 하고 길 양쪽에서 자란 풀들을 서로 이어놓고 뛰어 건너면서 놀았습니다.

어린 시절 길가에 자라는 풀로 하는 머리 땋기 놀이는 재미있었지만 서로 이어놓은 풀을 끊어놓지 않아서 깜깜한 밤길에 누군가가 걸려 넘어지지는 않았는지 수십 년이 지난 지금 반성하며 겸연쩍게 웃습니다.

❀❀❀ 놀이마당 29 딱지 모래무덤 놀이

바닷가에서 달력에 있는 그림을 따라 풀로 그림을 그리거나 하얀 뒷면에 창의적으로 풀 그림을 그린 후 풀칠한 부위에 모래를 살살 뿌려 털어내는 그림 놀이를 한 달력 종이가 마르면 이것을 접어 딱지를 만들어 다시 놀기 시작합니다.

이번에는 모래사장에 마주 앉아 모래를 수북하게 쌓아 올려 모래무덤을 만든 후 그 위에 접은 딱지를 올려놓고 동생과 번갈아가며 두 손으로 모래를 긁어내면서 모래 위의 딱지가 흘러내리거나 뒤집히지 않게 조심조심 긁어내는 놀이로 바뀝니다.

우리가 만든 놀이로 모래를 조금씩 또는 왕창 긁어내면서 딱지가 비스듬히 쓰러지거나 할 때면 마음이 조마조마해지고, 천천히 또는 빨리 모래를 깊게 파면서 긁어내기도 하고 상황에 맞는 판단을 하면서 모래를 긁어냅니다.

이겼다고 상도 없고 딱지가 뒤집혀 졌다고 벌칙도 없으니 놀이하는 내내 웃음이 떠나지 않고 그저 즐겁기만 합니다.

접은 딱지 대신에 나뭇가지를 꽂아놓고 같은 방법으로 놀아도 좋았으며 이러한 딱지 모래무덤 놀이도 하다가 싫증이 나면 집으로 돌아오는 길에 솔밭에서 놀고 있는 윗마을 친구들과 만나 딱지치기 놀이가 다시 이어집니다.

♣♣♣ 놀이마당 30 딱지치기

모래가 묻은 달력으로 접은 딱지는 종이가 뻣뻣하고 두꺼워 다른 딱지보다 무겁고 크기 때문에 잘 넘어가지 않아 친구들과 딱지치기하기에 안성맞춤입니다.

친구들의 딱지를 내려쳐 뒤집어지면 제 딱지가 되는데 딱지를 잘 넘기려면 딱지를 내려치는 기술이 필요합니다.

그렇게 땅바닥에 내려치며 갖고 놀던 지저분한 딱지 몇 장을 집으로 갖고 오는 길은 온 세상을 다 가진 듯 행복했습니다.

어쩌다 딱지에 재미있는 그림이 보이면 딱지를 풀어서 재미있는 그림이나 기사를 보고 읽는 것도 쏠쏠한 재미가 있었습니다.

너무 더러워 방안에 갖고 들어오지 못하고 헛간에 두고 온 소중한 딱지는 아침이면 이미 불쏘시개가 되어 아궁이에서 재가 되어버리기도 했기에 잘 감추어 두어야 했습니다.

개인 주택이라 밤에는 방안에서 딱지치기 놀이를 할 수 있었으며 두 살 어린 동생이 내 딱지를 내려쳐 뒤집지 못하므로 딱지치기 놀이가 재미없어집니다. 이때는 과자 봉지 비닐이나 조그맣고 얇은 껌 종이로 딱지를 접어 입으로 바람을 불어 딱지를 넘기는 놀이를 만들어 했습니다.

몇 번 입으로 불고 나면 지치게 되므로 이번에는 딱지를 책상 끝에 걸쳐 올려놓고 손으로 살짝 건드려 땅에 떨어질 때 뒤집히면 따먹는 놀이로 변형해 동생도 이길 수 있도록 놀이를 만들어 놀았습니다. 물론 방안에서 하는 놀이는 깨끗한 종이로 접어서 만든 새 딱지로 놀았습니다.

이렇게 누가 가르쳐 주지 않아도 어린이들은 놀이도구나 놀이 방법을 새로 만들어 가면서 놀기 때문에 지루한 줄 모르고 계속 놀이가 이어지는 것입니다.

어른들이 보기에 딱지놀이만 하고 있는 것처럼 느껴지시겠지만 분명 어린이들의 머릿속은 딱지놀이를 하면서 어떻게 하면 딱지가 잘 넘어갈까 궁리를 하고 재미있게 놀기 위해서 무엇인가 새롭게 계속 생각해 내는 사고 활동이 전개되고 있다는 것을 아신다면 한 가지 놀이만 하고 있다고 걱정할 일은 없을 것입니다.

♣ ♣ ♣ 놀이마당 31 땅따먹기

땅따먹기 놀이는 땅바닥에 쭈그리고 앉아 하는 놀이이기 때문에 감꽃 필 무렵 하면 좋은 놀이입니다.

땅따먹기 놀이는 크게 두 가지로 나누어서 했습니다. 먼저 쉬운 놀이 방법부터 말씀드리면 나뭇가지 하나만 있으면 혼자, 둘이 아니면 서너 명까지도 무난히 함께 놀 수 있는 놀이입니다.

혼자서 마당에 큰 원을 그려놓고 앉아 원둘레 한곳에 왼손 엄지손가락을 올려놓은 후 손바닥을 뻗으면 그중 가장 긴 손가락 끝에 나무막대기를 대고 마치 컴퍼스로 원을 그리듯이 호를 그리면 됩니다.

호를 그릴 때 원의 중심은 자신의 땅을 표시한 선에서 놀이하는 사람 마음대로 시작점을 정해서 그리면 되기 때문에 당장 눈앞에 있는 편한 방법으로 그리지 말고 머리를 써서 호를 그려나가다 좀 더 한꺼번에 많은 땅을 차지할 수 있는 지점에서 호를 그리면 놀이에 유리합니다.

같은 방법으로 계속 호를 그리면서 안에 그려진 호의 선들을 손바닥으로 지워나가면 어느새 내 땅이 많아집니다.

두 명에서 네 명이 땅따먹기 놀이를 할 때는 혼자 할 때보다 4~5배 정도 더 크게 커다란 원을 그립니다.

경험 놀이마당

각자 적당한 위치에 앉아 위와 같은 방법으로 첫 번째 호를 그리면 자신의 땅이 됩니다. 이번에는 가위바위보를 해 이긴 사람만 호를 그려나가는 놀이입니다. 이런 식으로 가위바위보를 하면서 땅을 넓혀갑니다. 결국 가위바위보를 잘하는 사람이 땅 부자가 되는 놀이입니다.

놀이가 끝난 후 누구의 땅이 제일 넓은가 비교해 볼 뿐 아무런 대가도 없지만 흐뭇하고 기분이 좋습니다. 평면적 개념을 이해하고 손가락의 유연성 기르기에 좋은 놀이라 생각합니다.

어릴 적 혼자서 놀던 땅따먹기 놀이는 왼손가락을 많이 쓰면서 동시에 오른손도 함께 쓰는 놀이이므로, 훗날 대학생이 되어 전공필수 과목에서 피아노 반주로 학점을 따야 할 때, 피아노를 배운 적도 없고 유난히 손이 작았던 저로서는 왼손 반주를 넣을 때 매우 효과적이었음을 말씀드리고 싶습니다.

비가 오는 날 굳이 밖으로 나가지 않더라도 흙 마당 대신 신문지나 전지와 볼펜, 사인펜, 크레파스를 사용해 실내에서 땅따먹기 놀이를 창의적으로 할 수 있을 것입니다.

냉장고를 포장하는 두꺼운 종이 상자를 펼치거나 접어서 재활용하는 방법도 추천해 드립니다만 흙을 어루만지는 촉감놀이 효과는 기대할 수 없을 것입니다.

❦ ❦ ❦ 놀이마당 32 도구를 이용한 땅따먹기

다음은 조그맣고 납작한 도구를 이용한 땅따먹기 놀이입니다. 먼저 어린아이 손가락 한두 마디 정도의 둥글고 납작한 돌이나 깨진 유리병을 둥글게 갈아 만든 놀이도구 준비부터 해야 합니다. 크기는 정해져 있지 않으므로 자신의 취향에 맞게 각자 준비하면 됩니다.

사기그릇이나 돌 소재보다 유리 소재 도구가 가볍고 마찰이 적어 땅따먹기 놀이하기에 제일 적합합니다.

땅따먹기 놀이는 깨진 유리를 구하기 위해 걸어 다니면서 주변을 둘러보아야 하고 모가 나 있는 유리 가장자리를 돌로 조금씩 깨버리고 난 후 바위 돌에 정성껏 갈아 둥글고 매끄럽게 만드는 것부터 쉽지 않습니다.

그렇기 때문에 예쁜 색의 둥근 유리 놀이도구는 마치 보물처럼 간직하고 친구에게 선물로 나누어 주기도 했습니다.

이렇게 땅따먹기 놀이에 필요한 납작하고 둥근 유리 도구가 준비되면 마당에 나뭇가지로 커다란 원이나 네모를 그립니다.

커다란 원이나 네모 속에 다시 왼손의 엄지와 중지 손가락을 최대한 크게 벌려 엄지손가락을 컴퍼스 뾰족한 부분 중심처럼 지지하면서 동시에 막대로 중지 손가락을 따라 돌리면서 호나 반원을 그리면 최초의 내 땅이 됩니다.

경험 놀이마당

자신의 땅이 되기 때문에 넓은 땅을 차지하려고 누구나 처음부터 크게 그리려고 애를 씁니다. 최초의 내 땅이 커야 유리 도구를 손가락으로 튕겨 세 번째 만에 최초의 내 땅으로 안전하게 돌아올 때 유리합니다.

위와 같이 놀이 준비가 되면 커다란 원이나 커다란 네모 속에 작은 호나 반원을 그려 넣고 그 속에 유리 도구를 넣고 오른손 엄지와 검지를 튕겨 색유리 도구를 커다란 원이나 네모 밖으로 나가지 못하게 하는 범위 내에서 최대한 멀리 보냅니다.

최초의 내 땅에서 색유리가 튕겨 나간 곳까지 막대로 선을 긋고, 선을 그은 곳에서 다시 다른 곳으로 색유리를 보내고, 같은 방법으로 세 번째는 다시 최초의 내 땅으로 들어와야만 이때 만들어진 평면도형이 완전히 내 땅이 되는 것입니다.

물론 이러한 활동들은 처음에 그렸던 커다란 원안에서만 이루어져야 하며 원 밖으로 유리 도구가 튕겨 나가면 미리 정한 규칙에 따라 상대편이 놀이의 주인공이 되거나 가위바위보를 다시 해 이기는 사람이 같은 방법으로 땅을 따먹는 놀이입니다.

그렇기 때문에 유리를 튕길 때에는 최대한 몸을 납작하게 만들어 엎드린 후 숨도 쉬지 않고 심혈을 기울여 손가락 힘 조절을 하며 보내야 하므로 신체의 유연성과 거리 감각, 호흡, 힘 조절 등이 동시다발적으로 작용하게 됩니다.

놀이할 사람이 너무 많을 때는 가위바위보만 대신해 주는 사람을 정해서 함께 하거나 둘씩 짝이 되어 번갈아 선을 긋고 놀면 좋습니다.

이 놀이도 혼자 또는 여럿이 함께할 수 있으며 상황에 맞게 놀이 약속을 정하거나 새로운 놀이 약속을 만들어 하면 더욱 재미있을 것입니다.

예를 들면 최초의 내 땅 안에 들어가서 밖으로 나오지 못하게 하고 유리 도구를 튕겨서 선을 긋도록 한다면 유리 도구를 팔 길이 보다 멀리 튕겨 보낼 수 없기 때문에 좀 더 오랜 시간 땅따먹기 놀이를 할 수 있습니다.

어떤 이는 땅따먹기 놀이가 일제의 잔재라고 말하지만 제 추억속의 어린 시절 놀이로 땅따먹기 놀이만큼 쉽고 재미있는 놀이는 흔치 않았던 것 같습니다.

여기서 놀이에 대한 이해를 돕고자 김윤수 옮김의 《놀이와 문화에 관한 한 연구 호모 루덴스》 48쪽 10~11번째 줄에 나와 있는 내용을 소개합니다. "모든 민족들이 놀이를 하며 그 노는 모습은 놀랄 만큼 비슷하다."

저도 하위징아의 연구 결과에 동감하면서 아픈 역사 속의 놀이문화도 승화시켜 우리 문화로 만들고 포용하는 성숙된 주인의식과 함께 놀이문화를 계승하고 발전시켜야 한다고 생각합니다.

경험 놀이마당

아카시아 꽃이 활짝 필 무렵이면 어머니 심부름으로 꽃술을 담그기 위해 아카시아 꽃을 따러 갔습니다. 아카시아 꽃 한 송이에는 수많은 작은 꽃송이들이 달려 있기 때문에 금방 큰 바구니 한 가득 채울 수 있습니다.

향기가 유난히 좋은 아카시아 꽃을 따면 "동구 밖 과수원 길 아카시아 꽃이 활짝 폈네, 하얀 꽃 이파리 눈송이처럼 날리네, 향긋한 꽃냄새가 실바람 타고 솔솔……" 노랫말이 참 아름답다는 생각을 하면서 목청 높여 노래를 부르게 됩니다.

작은 꽃잎을 따 입속에 넣어 보지만 생각보다 맛이 없어 목 넘김을 하지 못하고 뱉었습니다. 어머니께서 만족하실 만큼 바구니를 채운 후 집에 돌아오면 곧장 방으로 들어가서 아카시아 꽃송이를 한 장 한 장 뜯어 바늘을 이용해 실에 꿰기 시작합니다. 시들기 전 싱싱한 아카시아 꽃으로 목걸이를 만들 때 바늘 끝에서 나는 유난히 달콤하고 향긋했던 꽃향기는 향수 목걸이가 되어 목을 감쌉니다.

아카시아 꽃목걸이 만들기라는 어린 시절 곱고 예쁜 추억을 간직하고 있는 것만으로도 가끔 벅찬 행복감에 젖을 때가 있답니다.

우리 집 마루에 앉아서 바라볼 때 왼쪽 텃밭과 마당 사이 수돗가에 커다란 감나무 두 그루가 서 있었습니다.

한그루는 통철감이라고 해서 어린 두 손을 포갠 두툼한 크기의 큰 감이 달리는 감나무였고 또 한 그루는 꽃잎 4장을 붙인 것처럼 예쁘고 납작한 모양이라 사람들은 또아리 감 또는 똬리 감이라고 불렀습니다.

정순이 엄마는 우리 집 감은 생감도 맛있다 하시면서 지나가실 때면 한 손으로 가지를 내려 잡고 뚝 따서 맛있게 베어 잡수셨습니다. 너무 맛있게 드셔서 저도 따라 감을 따서 한입 베어 문 적이 있는데 혓바닥이 텁텁해지고 어찌나 떫던지 다시는 못 먹을 것이 생감이라는 재미있는 경험을 했습니다.

아홉 식구의 빨랫감을 머리에 이시고 윗마을 말기 하천까지 오가며 빨래를 하셨으니 얼마나 출출하고 배가 고프셨을까를 이제는 짐작할 수 있을 것 같습니다.

3년 전 후배 정순이와 통화했을 때 칠순 기념으로 엄마 모시고 내일 해외여행을 떠날 거란 말을 들었을 때 고생하신 보람이 있으신 듯해 어찌나 반갑던지 제 마음이 다 흐뭇했습니다.

이렇게 유난히 맛있는 감은 열매가 달리는 모습부터 독특합니다. 감나무 가지의 감잎 사이사이에 감잎 색깔과 비슷한 초록색으로 둘러싼 봉긋한 열매 같은 것이 달립니다. 엄밀하게 표현하자면 초록색의 봉긋한 것은 열매가 아니고 씨방처럼 그곳에서 열매를 맺기 위한 모든 기관들이 생성하는 전초기지인 셈입니다.

봉긋한 모양의 두꺼운 막이 서서히 열리면서 그 속에서 감꽃이 피어납니다. 감꽃 속에는 여러 개의 수술들이 들어 있어 감꽃 속에서 열매가 맺힙니다. 감꽃 속의 감이 맺혀 어느 정도 자라면 감꽃은 제 기능을 다 하고 떨어지기 시작합니다.

제가 매일 아침 일찍 일어나 마당을 쓴 이유 중에 하나가 이 떨어지는 감꽃 때문이었습니다. 늦게 나가면 옆집 할머니나 작은 외숙모, 우리 엄마가 밟을 가능성이 많기에 감꽃이 상하기 전에 빨리 주워야만 감꽃 목걸이를 만들 수 있었습니다.

여기저기 바닥에 떨어져 있는 감꽃을 줍는 동안 즐거운 마음과 새벽부터 웃음꽃 만발한 그 하루의 느낌이 너무 좋아 감꽃 목걸이 만들기 놀이를 멈출 수 없었습니다.

해마다 감꽃 목걸이를 만드는 연례행사 놀이가 되다 보니 점차 요령이 생겨 감꽃이 떨어지기 시작하면 감나무를 자세히 관찰한 후 하루를 정해 그날 저녁 마당을 깨끗이 쓸고 잤습니다. 물론 새벽에 일어날 것을 다짐하면서 잠자리에 들기도 했답니다.

깨끗하게 쓸어놓은 마당 위에 하얗게 쏟아진 감꽃을 줍던 행복감은 평생 살면서 저의 정신적 자산이 되어주었습니다.

어떤 좋은 보석 목걸이를 목에 걸어도 감꽃 목걸이를 걸었을 때만큼 행복하거나 좋지 않았으며, 어떤 보석 목걸이를 봐도 감꽃 목걸이보다 아름답다는 생각이 들지 않아 평소에 목걸이를 자주 하는 편이 아닙니다.

감꽃 목걸이는 아카시아 꽃 목걸이보다 만들기도 쉽고 편할 뿐만 아니라 만들어 놓은 목걸이 모양도 훨씬 품위 있고 세련된 작품이 되어 목에 걸고 거울 앞에 서면 공주가 된 듯 뿌듯했습니다.
이렇게 감꽃 목걸이 놀이는 가장 사치스런 경험을 만족시키는 놀이였기에 성인이 되어서도 검소한 삶을 추구하며 만족할 수 있는 뿌듯한 놀이로 기억됩니다.

상앗빛의 올록볼록 아름답고 속이 비어 있어 가벼운 감꽃 목걸이는 엄마 목에 걸려 진주 목걸이가 되고 동생 목에 걸려 상아 목걸이가 되었으며 제 목에 걸려선 희망의 목걸이가 되었습니다.
감꽃 목걸이 놀이는 엄마와의 약속 놀이가 되어 교사가 되어 감꽃 목걸이 대신 제주도 여행에서 사온 상아 목걸이를 걸어드릴 수 있었고, 상아 목걸이는 다시 금목걸이로 바꾸어 드릴 수 있었음에 감사하고 행복했습니다.

작년 가을 생신 때 친정에서 엄마랑 함께 짐 정리를 하다가 나온 조그만 나무상자에서 그 상아 목걸이를 발견하고 코끝이 찡했습니다. 그때 함께 했던 작은 언니는 이 책을 읽으면서 29년 전의 그 상아 목걸이 의미를 알게 될 것입니다.

경험 놀이마당

동네 곳곳에 널려 있는 흔한 풀 중에 하나인 토끼풀은 잔디밭을 제외하곤 아이들이 비교적 좋아하는 풀이었습니다.

교정의 잔디밭 속 토끼풀은 전교생이 나와 뽑아버렸지만 어찌나 번식력이 강하던지 조금만 소홀히 하면 잔디밭 여기저기 수북이 자라나 있었습니다.

초록의 토끼풀은 부드럽고 거칠지 않아 손으로 만지는 느낌이 좋기 때문에 쓰다듬고 싶어집니다. 토끼풀을 뜯어다 토끼들에게 갖다 주면 오물오물 맛있게 먹는 모습이 귀여워 열심히 토끼풀을 뜯어다 주었습니다.

이렇게 뒤뜰 토끼장 근처도 좋은 놀이터가 되었지만 다시 풀밭으로 돌아와 놀곤 했습니다. 수십 평의 초록색 토끼풀이 군락을 이루고 있는 평지는 아이들의 좋은 놀이터였습니다.

기온이 점점 올라가 따뜻해지면 토끼풀밭에 하얗고 동글동글한 토끼풀 꽃이 피어납니다. 작고 조그만 토끼풀 꽃이 점점 자라 줄기가 올라오면서 꽃송이도 커집니다.

초록 풀밭에 흰색 또는 보랏빛을 띤 하얀 꽃들이 셀 수 없을 정도로 많이 피어오른 풍경도 장관입니다. 한자리에 자리 잡고 앉아 팔만 뻗어도 토끼풀 꽃 화관을 만들 수 있는 양이 충분할 정도로 많이 피었습니다.

토끼풀 꽃이 갓 피기 시작하면 처음엔 반갑기도 하고 꽃을 꺾기 아까워 두 송이만 사용해 꽃반지와 꽃시계를 만들어 어머니와 동생에게 선물했습니다.

토끼풀 꽃과 최대한 가까운 줄기 부분을 손톱으로 쿡 눌러 찢은 뒤 그곳에 다른 토끼풀 꽃 한 송이의 줄기를 끼워 넣으면 되는 아주 간단한 방법이기에 누구나 만들기 쉽습니다.

손가락에 토끼풀 꽃반지와 꽃시계를 묶어 드릴 때 엄마의 활짝 웃으시는 모습이 보기 좋아 꽃반지와 꽃시계를 만들어 달려가곤 했습니다.

가녀린 줄기가 행여나 끊어질지 몰라 조심조심 묶어 드리고 난 후의 작은 성취감으로 뿌듯했던 행복했던 순간은 살아오면서 또 다른 성취감을 맛보기 위한 노력으로 끊임없이 이어진 것 같습니다.

풀밭에 앉아 행운의 네잎 클로버를 자주 찾곤 했는데 지금 생각해 보면 어릴 적 온 사방이 초록 초록한 그곳에서 놀 수 있었던 그 자체가 이미 행운이었다는 것을, 우리들이 행운 속에 묻혀 있었다는 것을 알게 되었고 감사해야 된다는 것도 깨닫습니다.

초록색이 사람의 마음을 안정시키는 효과가 있다는 것을 교사가 되어 학급 칠판이 그린 색 계열인 이유와 함께 알게 되었습니다.

시력이 1.5 2.0으로 좋았던 이유가 푸르른 넓은 들판에서 맘껏 뛰어놀 수 있었기 때문이라는 것도, 백과사전에서 태국 모겐족과

경험 놀이마당

몽골족 등 평원에 사는 유목민들이 광활한 대지를 누비며 살아가기에 시력이 유난히 좋다는 공통점을 알게 되었으니 제가 얼마나 행운아인지 알게 되었으며 감사한 생각이 저절로 솟아났습니다.

드디어 기다리고 기다리던 토끼풀 꽃이 흐드러지게 피면 동생과 함께 두 다리를 뻗고 주저앉아 토끼풀 꽃 화관을 만들기 시작했습니다.

토끼풀 꽃 화관은 토끼풀 꽃 두세 송이를 한꺼번에 들고 이엉 엮듯이 넣어서 엮어 나가는 기술이 필요합니다. 중간 중간에 동생 머리에 대고 크기를 가늠해가며 만들어야 딱 맞게 엄마 머리에 얹을 수 있는 토끼풀 꽃 화관을 만들 수 있습니다.

토끼풀 꽃 화관을 만들어 어머니께 씌워 드리고 난 후 우리는 다시 풀밭으로 달려와 자신이 쓸 화관을 각각 만들기 시작했으며, 제 것을 다 만들고 나면 동생을 도와주었습니다.

토끼풀 꽃 화관이나 목걸이 만들기 놀이를 통해 엄마나 동생에게 마음을 표현하는 방법을 알게 되었고 가난 속에서도 행복한 웃음을 만들어 내는 방법을 터득할 수 있었습니다.

어린 시절 토끼풀 꽃반지, 꽃시계, 꽃목걸이, 화관 만들기 놀이의 좋은 추억을 동생과 함께 간직하고 있었기에 작은 보석이 박힌 금목걸이와 시계를 동생에게 선물 받으면서 지금까지도 우애가 두터운 자매가 정답게 웃고 살 수 있게 되었다고 믿고 있습니다.

가게에서 플라스틱으로 만든 나팔을 팔았지만 보리 대궁이나 밀 대궁을 뽑아 공기를 불어 넣기도 하고 물가에서 자라는 청포 잎을 뜯어 잎가에 입술을 대고 불어 소리를 내는 놀이로 풀피리를 만들어 잘 나지도 않는 소리를 내려고 애쓰던 추억이 있습니다.

어쩌다 삐 빅 소리라도 나면 이 소리 들었니? 너도 들었니? 확인하면서 뛸 듯이 기뻐하던 제 모습이 아직도 생생합니다.

이런 놀이의 경험이 있어서인지 교사가 되어 단소를 배워 지도할 때도 쉽게 소리를 낼 수 있었습니다.

우리 반 아이들이 처음 단소 소리를 내지 못하고 삐 빅 소리가 합쳐진 시끄러운 소음을 참을 수 있었던 것도 풀피리로 소리 내는 것보다 단소로 소리 내는 것이 오히려 훨씬 쉽다는 것을 알았기에 즐거운 마음으로 참고 기다렸던 것입니다.

한 사람의 낙오자 없이 반 전체가 단소로 아름다운 선율을 만들어 낼 때의 감동은 풀피리를 얼굴이 빨개져 가며 불던 어린 소녀의 어설픈 풀피리 삐 삐 소리만큼이나 감동적이고 뿌듯했습니다.

풀피리 불며 놀 듯 단소도 입에 대고 놀다 보면 어쩌다 소리를 낼 수 있고 자연스럽게 소리 내는 방법을 터득할 수 있게 됩니다.

단소 지도 경험으로 볼 때 넉넉잡고 열흘 정도만 이렇게 단소를 입으로 갖고 놀면 누구나 단소 연주를 할 수 있을 것입니다.

    우리 마을은 농사를 짓는 전형적인 농촌 마을이었지만 방앗간과 국숫집을 지나 아카시아나무가 길가 양쪽으로 서 있는 흙길을 지나면 아름드리 소나무가 울창한 큰 솔밭이 길 양옆으로 펼쳐져 있습니다. 이 웅장한 숲을 지나고 양어장을 지나 조금만 걸어나가면 다시 솔숲이 양쪽으로 펼쳐져 있으며 이곳부터는 바다가 보이기 시작합니다.

    바다가 보이는 솔숲은 바닷바람을 막기 위한 방풍림 역할을 했습니다. 해당화나무가 있던 그곳에 군인 아저씨들과 마을 어른들께서 소나무 묘목을 심으셨으니 1970년대 이 소나무 숲속에는 해당화 나무가 많았습니다.

    작년 친정어머니 생신 무렵 가보니 안타깝게도 지금은 몸에 좋다는 이유로 사람들이 모두 파가 버려 얼마 남아 있지 않았습니다. 비록 주인 없는 들꽃이라도 많은 사람들이 함께 보고 즐길 수 있도록 내 것이 아닌 것을 욕심내는 일은 없어야 할 것입니다.

    하늘하늘 한 양귀비 꽃잎보다 약간 도톰한 느낌의 해당화 꽃잎은 색이 곱고 양귀비꽃보다 단아하며 품위까지 있어 보여 개인적으로 양귀비꽃보다 더 좋아합니다. 멀리서 보아도 해당화 꽃인 줄 금방 알아볼 수 있을 정도로 매우 아름답습니다,

    꽃분홍의 짙은 꽃잎 속에 살포시 앉아 있는 샛노란 암술과 수

술의 조화로운 자태는 오히려 양귀비꽃보다 더 화려한 느낌이 듭니다.

　장미꽃처럼 아름다운 꽃들에겐 가시가 있듯이 해당화 꽃나무 가지에도 무수히 많은 억센 가시들이 돋아나 있습니다.

　그러니 꼭 약으로 쓰지 않더라도 곁에 두고 오래오래 보고 싶을 거라는 사람들의 마음도 어느 정도 이해할 수 있겠지만 역시 해당화는 바닷가 근처 모래밭에서 뜨거운 볕을 받으며 피어 있을 때가 제일 아름답고 잘 어울리는 것 같습니다.

　양양 쏠 비치호텔 가는 길 왼쪽 도롯가에 빽빽하게 줄지어 선 해당화나무를 보고 추억을 빼앗긴 듯 씁쓰레한 기분이 드는 것은 어쩔 수 없는 솔직한 심정이었습니다.

　해당화 꽃이 지고 난 자리에 열매가 맺히는데 우리는 해당화 꽃 열매를 율구라고 불렀습니다. 우리 엄마는 제가 생각하기에 다른 엄마들보다 늘 고급 언어를 구사하고 계셨습니다. 예를 들어 무청 말린 시래기를 건추, 밥그릇을 식기라 하시고, 밥을 많이 푸는 것을 고봉으로 담으라 하시고 해당화 꽃 열매를 '율구'라고 하시기에 따라서 '율구'라 불렀습니다.

　처음엔 연둣빛 열매가 점점 커지면서 붉은빛을 띠고 완전히 익으면 진한 주홍색을 띠게 됩니다. 율구는 말랑말랑해지기 전에 진주홍 빛 열매를 따서 먹으면 제일 맛있습니다. 씨앗이 따갑기

경험 놀이마당

때문에 반드시 반으로 갈라 물에 씻은 후 먹어야만 합니다.

겉이 매끄럽고 둥글며 고운 빛깔의 율구를 바늘에 꽂아 실로 연결하면 예쁜 목걸이가 됩니다.

어느 곳에 있는 열매가 튼실한지 바닷가를 오가며 대충 파악하고 있기에 율구 따러 갈 때는 꼭 동생과 함께 갔습니다. 어린마음에도 솔숲에 군부대가 주둔해 있고 가시철망 울타리가 군데군데 있어 혼자 들어가기 위험하다는 생각을 품었었나 봅니다.

하루 종일 동생과 솔숲 모래밭을 걸어 다니면서 율구를 따서 치마폭 한가득 담거나 티셔츠 앞이 배불뚝이가 되도록 옷을 늘려가며 모았습니다. 비닐봉지를 집에서 갖고 나간 것도 아니고 바닷가에서 놀다가 집으로 돌아오는 길이거나 하교 후 심심하니 놀이로서 누가 더 많이, 누가 더 큰 것을, 누가 더 예쁜 것을, 누가 더 색이 고운 것을 많이 따는지 놀면서 땄던 것입니다.

실에 꿰는 놀이는 나이가 들수록 점점 확대된 놀이가 되었습니다. 처음엔 바지 주머니에 따온 몇 개 안 되는 율구로 목걸이를 만들었으나 다음 해는 머리가 들어갈 수 있을 정도의 완전한 원모양 목걸이를 만들었으며, 그다음 해는 가슴까지 닿는 목걸이를 만들었는데 점점 길어져 나중엔 발끝까지 닿는 길고 긴 율구 목걸이를 만든 적도 있었습니다.

너무 무거워 목에 걸지는 못하고 처마 밑 곶감 말리는 대못에 걸어두었더니 동네어른들께서 오고 가시며 모두 따 잡수셨습니다.

해당화 꽃 열매로 목걸이 만들기 놀이 전에 가장 먼저 저와 동생이 따온 율구의 개수를 각각 세는 숫자놀이를 했습니다. 동생은 놀면서 산수 선행학습을 한 것이나 마찬가지였습니다. 그리고 나서 두 사람의 율구를 합치면 덧셈 놀이로 부자 된 듯 흐뭇했습니다.

그중에서 가장 크고 잘 익은 열매를 골라 먹으면, 입안에서 달콤하고 향기로움을 느끼는 순간 내년에 꼭 다시 가자는 약속을 동생과 저절로 하게 됩니다.

숫자놀이는 덧셈과 뺄셈 놀이가 되고 다시 많은 공기놀이로 이어졌습니다. 먹는 것 갖고 장난치면 안 된다고 말씀하시는 어머니의 목소리가 들릴 때까지 방바닥에 율구를 흩어놓고 많은 공기놀이를 했습니다.

이렇게 공기놀이 후 마지막으로 목걸이 만들기 놀이를 하는 대장정의 자연 놀이 교실이 하루 종일에서 밤까지, 아니 며칠 동안 계속 이어졌던 것입니다.

읍내에 피아노 학원도 있었지만 자연을 스승 삼아 해당화 꽃 열매로 목걸이 만들기 놀이를 하면서 숫자의 개념에 대한 예습 복습을 하면서 자란 우리는 지금 생각해도 참 선택받은 행운아들이라는 생각이 듭니다.

경험 놀이마당

❦❦❦ 놀이마당 38 소꿉놀이

텔레비전에 나오는 어느 요리사가 지붕 기왓장에 요리를 세팅하는 모습을 보면서 멋있다고 감탄하고 있는 초대된 출연자들의 반응에 어린 시절 소꿉놀이하던 추억이 떠올랐습니다.

지금은 주방의 세트 놀이가 플라스틱 상품으로 만들어져 어른들이 쉽게 제공을 해줄 수 있지만 그 당시 우리들의 소꿉놀이는 자연 속에서 살림을 마련하고 자연에서 식재료를 구해서 놀았으니 자연히 자연주의 놀이라 할 수 있겠습니다.

소꿉놀이는 일종의 역할 놀이로 엄마, 아빠, 아기, 언니, 동생, 형 등의 역할을 자연스런 놀이를 통해 경험해 봄으로써 미래의 자아형성에 영향을 미치기 때문에 매우 중요한 놀이라는 생각이 듭니다.

1970년대의 이웃들의 삶을 들여다보면 우리 마을에는 대가족 중심으로 삼대가 한집에 사는 경우가 많았습니다. 비교적 젊은 부부의 가정에는 부부싸움이 끊이지 않았으며 한겨울 투전으로 집문서를 날리고 사우디아라비아로 돈 벌러 가는 가장과 술주정뱅이 남편에게 얻어맞고 우리 집으로 몰래 피신해 이삼일 있다가 돌아가는 경우도 많았습니다.

그러니 알콩달콩 재미있게 사는 모습을 본 적이 없어서 소꿉놀이에서나마 행복한 가정의 품격 있는 삶을 재현해 보고 싶었습니다. 다른 친구들도 같은 생각이었는지 열심히 각자 맡은 역할을 잘 소화했습니다.

능청스럽게 여보 당신을 부르고 애교를 떠는 딸 등 우리는 억양이나 말투 몸짓 행동 등을 통해 소꿉놀이와 일을 동시에 즐겼습니다.

소꿉놀이의 보금자리는 커다란 아름드리 소나무가 우거진 솔밭에다 마련했습니다. 집에서 돗자리까지 모든 살림을 챙겨나가 엄마 아빠 놀이를 했습니다. 덮는 이불 홑청만 한 커다란 보자기 네 귀퉁이에 기다랗게 끈을 묶어 각각 소나무에 칭칭 감아 묶으면 훌륭한 포장 지붕이 되었습니다.

병뚜껑, 조개껍데기, 활명수 병, 2홉 소주병, 납작한 돌멩이, 나무토막, 연필 깎는 칼, 이쑤시개, 깨진 사기 접시와 유리를 갈아서 동그랗게 만든 그릇, 기왓장, 벽돌, 마실 물과 동화책까지 챙겨나갔으니 소꿉놀이는 하루 종일 할 수 있었으며, 두 세 끼 정도의 밥상을 차렸습니다.

소꿉놀이에서 일을 하는 시간에는 갈쿠리로 마른 소나무 잎이나 잔솔가지 등 검불을 긁거나 솔방울을 줍고 선생님 놀이도 함께 했으며 공부하는 시간에는 숙제나 책을 읽었습니다. 동화책 한 권을 다 읽을 정도로 소꿉놀이시간이 길었으며 마을에서 뚝 떨어진 솔밭이었기에 어느 누구의 간섭도 받지 않은 채 우리들만

경험 놀이마당

의 추억을 만들 수 있었습니다.

여가나 휴식시간에는 노래를 부르거나 그림을 그렸으니 그야말로 완벽한 하루를 소꿉놀이로 만들어 놀았습니다.

모래로 밥을 짓고 호박꽃을 따서 암꽃으로 계란찜을 만들고 수꽃으로 계란말이를 만들었습니다. 호박 꽃잎은 물체에 잘 붙는 특성을 살려 김밥을 말거나 전을 부치고, 열매가 달렸다 떨어진 작은 애호박을 썰어 호박전을 부쳤습니다.

측백나무 잎은 파래김이 되었고 포도덩굴손을 뜯어 고구마줄기 볶음을 만들고 꿀 풀의 보라색 꽃잎을 뜯어 화전을 부치고 국수버섯을 뜯어 물을 붓고 국수를 말았으며, 물에다 이것저것 썰어넣어 물김치를 만들었습니다.

기와는 떡함지가 되어 흙에 물을 조금 부어 섞은 후 병뚜껑으로 찍어 만든 떡으로 가득 채웠으며 호박잎은 베보자기가 되어 떡함지를 덮었습니다.

솔밭에 나는 부추 잎을 썰고 푸른 솔잎과 나리꽃 수술을 섞어 잡채를 만들었습니다. 마른멸치는 생선이 되었고 갓버섯을 따다가 호박 감자를 썰어 넣고 된장찌개도 끓였으며, 구할 수 없는 먹고 싶은 반찬은 그림을 그린 후 색칠해서 밥상 위에 올렸습니다.

아름드리 소나무 아래 떨어져 있는 솔방울 씨앗을 주워 다가 후식으로 먹고 소주병에는 들꽃을 꺾어다 꽃병을 만들고 떨어진

생솔가지는 돗자리 청소용 빗자루가 되었습니다.

나뭇가지를 꺾어 젓가락을 만들고 소꿉놀이에 필요한 것들은 그때그때 마다 주변에서 모두 구해다 대체했습니다.

갖은 솜씨와 정성을 다해 푸짐한 반찬과 요리로 밥상을 차렸던 소꿉놀이보다 현실에서는 많이 부족한 밥상을 매일 차리지만, 어쩌다 손님을 모실 때면 소꿉놀이처럼 즐거운 마음으로 정성껏 식탁 가득 음식을 차려 내는 것을 은근히 즐기고 있는 풍성한 마음은 자연 속에서 건강한 놀이를 할 수 있었던 좋은 소꿉놀이 덕분이라고 생각합니다.

경험 놀이마당

바닷가에 나가면 예쁜 조개껍데기들이 많아 언제든지 주워올 수 있었습니다. 색깔도 다양하고 모양도 가지각색인 조개껍데기들을 모아놓는 상자가 따로 있었습니다.

여름에는 피서 온 사람들이 조개껍데기를 많이 주워가서 별로 없지만 가을 아침에 바닷가에 나가면 파도가 밀려들어 온 선을 따라 조개껍데기들이 즐비하게 놓여 있었습니다.

구멍이 난 작은 조개껍데기들만 주워 다 분류를 하면 골뱅이 종류와 고깔 모양과 조개 종류로 나눌 수 있는데 이렇게 분류를 해놓고 목걸이를 만들면 다양한 조개껍데기 목걸이를 만들 수가 있었습니다.

바늘에 가는 실이나 낚싯줄을 길게 꿰어 작은 골뱅이 종류 다섯 개를 실에 꿰고 다른 조개를 사이사이에 넣는다든지 각각 서로 다른 종류를 이어서 연결하는 등 생각한 대로 마음껏 디자인을 고쳐가면서 목걸이를 만들었습니다.

자연적으로 구멍이 난 붉은 빛이나 보랏빛이 나는 조개껍데기도 있었고 무지갯빛이 감도는 조개껍데기들도 있었으며 조개의 형체를 알아볼 수 없을 정도로 닳아 없어져 반들반들한 조개껍데기들도 있었기에 마음만 먹으면 얼마든지 머릿속에서 구상되는 조개껍데기 목걸이를 만들 수 있었습니다.

우리 집은 낙산해수욕장이 있는 마을이라 수시로 멀리 사는 친척들이 놀러 오는 경우가 많았으며 그분들은 우리보다 더 가까운 촌수의 다른 친척 집들이 있는 데도 항상 우리 집에서 주무시고 가셨습니다.

친척이나 손님들은 색깔별 모양별 크기별로 모아둔 조개껍데기 상자를 보여주기만 해도 너무 좋아하고 내 마음에 드는 사람이 있으면 선물로 드리기도 했으며 함께 조개껍데기를 주우러 다니기도 했습니다.

조개껍데기를 모았다가 방학숙제로 만들기가 있으면 두꺼운 상자를 이용해 집을 만든 후 접착제로 조개껍데기를 지붕과 벽에 붙여 세상에 하나밖에 없는 멋진 조개 집을 만들어 제출했으며, 방학 과제물 전시회에 뽑혀 전시되는 뿌듯함을 맛보기도 했습니다.

작년 고향 바닷가에는 예쁜 조개껍데기들은 찾아볼 수 없고 홍수에 떠내려온 나뭇가지들과 플라스틱이 나뒹굴고 있었으며, 어릴 적 조개껍데기로 만들었던 수많은 목걸이들은 어디로 갔는지 없고, 지금은 30년 전 피지 여행 시 머리에 붉은 꽃을 꽂고 전통 치마를 입은 원주민들이 공항에서 반겨주며 걸어주던 작은 골뱅이로 길게 엮어 만든 하얀 조개목걸이만이 옛 추억을 대신 해주고 있습니다.

경험 놀이마당

❦❦❦ 놀이마당 40 공기놀이

1970년대 제 보물 함에는 깨진 유리 조각이나 깨진 사기그릇의 날카로운 부분을 갈아 둥글고 매끄럽게 만든 땅따먹기 놀이도구들과 직접 그려 색칠해서 만든 인형 옷들과 냇가에서 주워온 닳고 닳아 동글동글해진 공기놀이 돌, 그리고 문방구에서 산 알록달록한 플라스틱 공깃돌과 바닷가에서 주워온 예쁜 조개들이 함께 들어 있었습니다.

봄부터 가을까지는 마당이나 솔밭 그늘 밑에서 '많은 공기놀이'를 했으며 한겨울엔 방안에서 담요를 깔고 플라스틱 공기 다섯 알로 공기놀이를 했습니다.

많은 공기놀이는 공깃돌이 많아야 할 수 있는 놀이이기 때문에 친구들과 함께 철광석을 싣고 트럭이 달리는 위험한 도로로 나가야 모가 난 작은 돌을 주울 수가 있었습니다.

매끈하고 부드러운 공깃돌은 멀리 큰 하천 쪽으로 걸어가야 주울 수 있었으므로 엄두를 내지 못하고 작은 모난 돌을 주웠던 것입니다. 이때 자석을 갖고 나가 도로변 흙 속에 대면 철가루들이 줄줄 따라올라 오는 재미도 쏠쏠했습니다.

자전거를 타고 가던 사람이 교통사고를 당해 죽고 난 뒤부터는 대로변에 나가 공깃돌을 줍거나 자석 놀이하는 것도 금지당했습니다.

집에서 가까운 대로로 나가지 못하는 대신 여섯 배나 먼 말기까지 걸어가서 공깃돌을 줍기 시작했습니다. 이곳의 돌은 철길의 모가 난 돌이 아닌 물에 닳고 닳아서 매끄럽고 동글동글하니 예쁘고 작은 돌이 참 많았습니다.

각자 치마폭에 묵직하게 골라 담아온 반들반들 예쁜 공깃돌을 우리 집 마당에 쏟아놓고 섞습니다. 공깃돌이 참 많아 우리들은 '많은 공기 놀이'라고 이름 붙였습니다.

이렇게 많은 공깃돌을 줍기 위해 오고 가는 길도 여럿이 함께 하니 재미있는 놀이가 되었습니다.

이 많은 공기는 손바닥 뒤집기로 먼저 편을 가른 후 같은 편이 동시에 공깃돌 하나씩을 머리 높이 던진 후, 바닥의 공기를 손바닥으로 될 수 있는 한 많이 쓸어 잡은 후 하늘에서 떨어지는 공기를 마저 한 손으로 잡아야 손안에 든 공깃돌을 따먹을 수 있습니다.

만일 머리 위로 던졌던 돌을 잡지 못하면 상대편이 같은 방법으로 공기를 따먹는 놀이입니다.

한 손에 공기를 잡은 상태에서 하늘에서 떨어지는 공깃돌을 잡을 때 나는 경쾌한 소리가 짜릿하니 기분이 매우 좋아집니다.

저는 이 공기놀이에서 매번 마지막까지 남았기 때문에 나중에는 어느 편도 아닌 '왔다리 갔다리'가 되어 많은 공기를 따서 친구들이나 동생 친구들에게 나누어 주었습니다.

나누어 주고도 남은 공기는 저만 아는 나무 밑 땅속에 묻어두

경험 놀이마당

었는데 지금은 마당 주변 어디였는지 기억도 나지 않아 성인이 된 어느 날 도토리를 땅에 묻어두고 찾지 못하는 다람쥐가 된 것 같아 한바탕 크게 웃은 적이 있었습니다.

도토리는 싹이 터서 굴참나무라도 자라겠지만 저는 돌멩이를 묻었으니 얼마나 우스웠을까요. 배꼽을 잡으며 혼자 한참을 웃다가 허탈감을 느끼던 순간 배수라도 잘되어 나무가 잘 자랐으리라는 억지 의미를 찾았습니다만 다시 공기를 땅에 묻어 두고 공기를 까맣게 잊을 정도로 학교를 열심히 다녔으니 꿈을 묻어두었다고 마음먹기로 했습니다.

겨울엔 할 수 없이 방안에서 공기놀이를 하지만 플라스틱 공깃돌의 가볍고 둔탁한 소리와 느낌은 자연적인 공깃돌의 손에 착착 감기는 듯한 느낌과는 전혀 달라 공기놀이 재미가 덜했습니다.

대신에 '많은 공기놀이'는 공깃돌 개수로 승부를 결정하지만 플라스틱 다섯 알 공기는 다양한 꺾기의 묘미가 있어 놀이 방법을 미리 정해놓고 시작하는 작은 규칙을 적용하기도 했습니다.

이러한 공기놀이를 통하여 저는 나누어 주고 베푸는 즐거움을 자연스럽게 배운 것 같습니다.

❀ ❀ ❀ 놀이마당 41 그네뛰기

마을에 초등학교가 있었어도 국민학교(초등학교) 입학하기 전까지는 학교 운동장에서 논 적이 없었습니다.

우리 마을은 해수욕장 개발이 비교적 빠른 시기에 있었으므로 여름이면 전국에서 제일 좋은 승용차들을 볼 수 있었고 최고급 식료품들을 가지고 와 상인들이 팔았으며 밤이면 네온사인이 눈부신 요즘 못지않은 번화가가 되었습니다.

낙산해수욕장 사장님 댁에는 텔레비전이 있어 엄마 손을 잡고 '여로'라는 연속극을 몇 번 보러 갔던 추억이 있습니다. 그래서 또래 친구들보다 바다와 빨리 친해질 수 있었던 것 같습니다.

낙산해수욕장 기존지구 정문으로 들어가 모래사장 왼쪽으로 걸어가면 여관건물이 길게 있었고 그 앞 모래사장에 네 명이 동시에 탈 수 있는 철근으로 만든 그네가 있었습니다.

분홍색 페인트로 칠해진 예쁜 그네였습니다. 동생과 함께 타면 밀어줄 사람이 없어 동생만 태우고 그네를 밀었는데 삐그덕 삐그덕 쇳소리가 났지만 그 소리가 싫지 않았습니다. 아마도 마음이 즐거워서였나 봅니다.

서서 빙글빙글 돌아가는 놀이기구도 있었고 놀이공원에 있을 법한 놀이 기구들이 몇 개 더 있었던 것으로 생각되지만 생각이 선명하지 않습니다.

　지금은 여관이나 그네들이 모두 철거되어 흔적조차 남아 있지 않고 돌아가신 어른들도 많아 그 시절을 기억하는 마을사람들이 몇 분이나 될까 궁금해집니다.

　또한 해수욕장 정문에서 왼쪽으로 바로 보이는 곳에 그네가 하나 있었습니다. 남원 광한루에 있는 그네보다 조금 작은 크기의 밧줄이 긴 그네였습니다.

　그네 위에 올라서면 푸른 바다가 정면으로 보여 가슴이 탁 트이는 바로 그 그네가 마음에 들었지만, 밧줄이 너무 길어 그네에서서 아무리 다리를 굴신거리며 팔을 벌려 힘을 주어도 앞으로 나가지 않았습니다.

　하는 수 없이 그네에 앉아 다리만 접었다 폈다 하면서 동생과 서로 밀어주면서 놀 수밖에 없었습니다.

　이 그네를 타면서 한 해 한 해 제가 자라고 있다는 것을 스스로 알 수 있었습니다. 처음에 앉아서 조금씩 흔들흔들 왔다 갔다 하던 그네를 혼자 일어서서 조금씩 앞뒤로 왔다 갔다 할 수 있었으며 다음 해에는 제법 수월하게 앞뒤로 왔다 갔다 할 수 있었습니다.

　다음 해에는 팔을 벌리면서 탈 수 있었고 그다음 해에는 네 살 위인 언니만큼 탈 수 있었으며, 다음은 고등학생 오빠만큼 탈 수 있다는 것을 알게 되었습니다.

동생을 그네에 태우고 밀어줄 때 요령도 생겨 널빤지 근처의 밧줄을 잡고 밀면서 앞으로 달려나가 만세 상태에서 밧줄을 놓고 빨리 앞으로 뛰어나오면서 그네에서 빠져나오면 다치지 않고 안전하게 좀 더 높이 오랫동안 앞뒤로 왔다 갔다 하도록 밀어줄 수 있었습니다.

5학년 때는 그네를 타고 공중으로 올라갔을 때 멀리 모래사장 해변 무대에서 노래자랑 하는 것을 덤덤한 마음으로 볼 수 있었으며 언니 오빠들보다 잘 탄다고 생각했습니다.

6학년 늦여름 어느 날은 그네를 마음먹고 탔는데 공중에서 내 몸이 45도 정도 기우는 느낌이 들 정도로 높이 올라갔습니다.

내가 가장 높이 올라갔다고 느꼈던 순간이 있었고 다시 뒤로 내려왔다 앞으로 나간 정점에서 잡았던 밧줄을 놓고 공중에서 최대한 멀리 뛰어내려 모래사장에 착지했던 순간이 아직도 생생합니다.

그 이후로 더 이상 그네를 타지 않았습니다. 6학년 겨울방학부터는 서울에서 방학을 보냈으므로 자연에서 뛰어놀 수 있는 시간이 부족했습니다.

그네를 타고 하늘로 올라가 정점에서 붕 날아 뛰어내려 안전하게 모래사장에 착지했을 때의 짜릿한 쾌감과 안도감을 느껴봤기에 익스트림 스포츠를 즐기는 사람들의 마음을 조금은 이해할 수 있습니다.

경험 놀이마당

누구나 타고 노는 평범한 그네타기도 이런 도전적인 놀이로 만들어 놀아봤기에 계속 타던 스키나 즐길 것이지 40대 후반에 설원에서 보드를 배우겠다는 의지를 불태울 수 있었던 것도 가능했다고 생각합니다.

그 뒤 대학교 졸업여행에서 광한루에 있는 그네를 보고 반가운 마음에 달려가 올라탔는데 처음 타보는 그네처럼 어색하고 앞으로 잘 나가지 않았습니다. 그네를 제법 잘 탄다고 생각했었는데 나보다 더 잘 타는 사람들이 많다는 것을 광한루 그네를 타면서 알게 되었습니다.

어릴 적 바닷가에서 탔던 그네보다 밧줄이 굵고 길었기 때문이라는 이유를 알 수 있었기에, 교사가 되어서 운동장의 그넷줄 길이가 적당한가에 대해서 생각하게 되었으며, 어린이 놀이터의 그넷줄을 똑같이 매달지 말고 하나는 길고 하나는 짧게 매어 주면 좋겠다는 생각도 했습니다.

저는 이 그네타기 놀이를 통해 잘하지 못하는 것도 꾸준히 노력하면 잘할 수 있으며 올해 못하면 내년에는 잘할 수 있다는 것을 알게 되었습니다. 그래서 서두르지 않고 무엇이든 자신감을 갖고 단계를 밟아 차곡차곡 해나가려고 노력하면서 살아왔습니다.

그리 자랑할 것도 내놓을 것도 없지만 지금 만족하면서 살 수 있는 것도 그네타기처럼 실컷 놀고 잘 놀아보았기에 가능하다는 생각이 듭니다.

그네를 서로 밀어주는 놀이도 좋지만 혼자서 서서 무릎을 구르면서 팔의 힘을 써서 즐기는 놀이가 운동도 되고 자신감도 증진되는 좋은 놀이라는 것을 추천합니다.

🍀 🍀 🍀 **놀이마당 42 시소 43 미끄럼틀 44 철봉 놀이**

손수건을 가슴에 달고 초등학교 입학했을 때 학교 운동장 귀퉁이에 있는 나무로 만든 시소가 유독 눈에 들어왔었습니다.

미끄럼틀은 철판이 햇볕에 달아올라 뜨거워서 올라갔다가는 앉아서 타고 내려오지 못하고 뛰어 내려왔으므로 가끔 타기는 했으나 우리들에게 인기가 없었으며 시소는 친구들과 틈만 나면 달려가서 탔습니다.

서로 마주 보고 앉아서 시소를 함께 타면 금방 친해졌습니다.

시소에 먼저 앉는 사람이 탈 수 있으니 쉬는 시간에 빨리 뛰어나가서 조금만 타고 다른 친구에게 양보를 하고 교실로 들어왔었습니다.

우리 마을에 학교가 있으니 오후에 동생을 데리고 학교에 와서 다시 타면 되지만 멀리 산속에 있는 마을에서 다니는 친구들은 그럴 수 없으니 양보를 해야 한다는 생각이 들었습니다.

나무로 만든 시소가 철로 만든 예쁜 시소로 교체된 기억과 함께 몇 년 후 학교 아저씨께서 녹슨 시소에 페인트를 칠해주시던

경험 놀이마당

기억도 또렷합니다.

시소 주변에 늑목, 미끄럼틀, 구름다리, 그네, 철봉 등이 있어 방과 후에 자주 매달려 놀았습니다.

하루는 방과 후 동생과 철봉 놀이를 하다가 연속 앞으로 두 바퀴 돌기를 시도했는데 떨어져 발목이 퉁퉁 부어올라 무척 고생한 적이 있었습니다.

병원에서 치료받지 않고 일정 기간 조심했더니 원상태로 돌아왔으며, 그때의 발목 부상으로 인해 지금까지 살아오면서 불편했거나 힘들었던 적은 단 한 번도 없었습니다.

1970년대에는 중고등학교 언니 오빠들도 체력장 준비로 철봉 연습을 하느라 해가 져도 철봉 주변은 항상 붐볐습니다.

요즘은 코로나 19시대라서 이해가 되지만 코로나 이전일지라도 학교 운동장이나 놀이터에서 놀고 있는 어린이들의 모습을 보면 신체활동이나 운동량이 현저하게 감소되었다는 것을 알 수 있습니다.

모든 것들이 예전보다 발전하고 개선되었는데 체육교육의 이해 중심 교육과정 이후에서는 놀이터의 미끄럼틀 높이가 낮아졌고 운동장에 구름다리와 철봉이 없어지고 있습니다.

어린이들의 평균 신장은 커졌는데 놀이기구 높이는 낮아졌습니다. 유치원생이나 저학년 어린이들 위주의 놀이터로 바뀌고 있으니 고학년 어린이들은 어디서 놀아야 하는지 이러한 요즘 추세가 안타깝다는 생각이 들었습니다.

학교 체육교육에서 추구하는 외재적 가치와 내재적 가치를 포함한 유사시 자신의 신체를 보호할 수 있는 능력을 기른다는 목표도 추가되어 강조되어야 한다는 것이 제 개인적인 의견입니다.

의학도 발달했고 체육 시설이나 장비도 발전했습니다. 사회에서는 익스트림 스포츠가 인기인데 학교 체육도 시대의 변화나 사회문화의 변화를 반영해 좀 더 강도 높은 신체활동이 포함된 교육 내용이 계획적으로 구성되어야 할 것입니다.

또한 학교 체육기구나 놀이시설 면에서 좀 더 적극적인 경제적 지원이 있어야 한다고 생각합니다.

철봉 밑에 체육시간이 아니더라도 항상 스펀지 매트를 깔아놓고 언제든지 어린이들이 철봉에 매달려 놀고, 턱걸이를 하고 다리 걸어 앞돌기, 뒤돌기를 하고 휘돌아 내리기를 연습할 수 있는 분위기를 조성한다면 더할 나위 없이 좋을 것 같습니다.

높은 미끄럼틀을 없애고 낮은 새 미끄럼틀을 설치하는 것이 아니라 기존의 높은 미끄럼틀 옆에 낮은 미끄럼틀을 하나 더 배치하는 것이 바람직할 것입니다.

🍀 🍀 🍀 놀이마당 45 보물찾기

보물찾기 놀이는 학교에서 봄 소풍이나 가을 소풍 갈 때 수건돌리기와 함께 빠지지 않는 놀이였습니다.

이 보물찾기 놀이가 있어 소풍 가는 전날 밤이 더욱 설레고 소풍날이 기다려졌는지도 모릅니다.

우리 학교는 6년 동안 한 번도 빠짐 없이 낙산사 돌담 밑에 있는 넓은 풀밭으로 소풍을 갔습니다.

점심시간에 우리들이 도시락을 먹는 동안 선생님들께서 풀숲이나 나무 위에 보물을 감춰 두시고 방송을 하십니다.

전교생이 서로 빨리 보물을 찾으려고 이리저리 왔다 갔다 뛰어다녔습니다. 먼저 보물을 찾은 친구가 부럽기도 하고 못 찾을까 걱정도 하면서 돌아다녔던 그 순간이 지금도 생생하게 느껴질 정도로 보물찾기는 두근두근 정말 재미있었습니다.

전교생이 학년별로 잔디밭에 모여 앉아서 보물찾기 종이에 쓰여 있는 상품으로 학용품 선물을 받고 나면 해마다 같은 곳에서 장기자랑이 펼쳐졌었습니다.

매년 보물이 그리 좋은 것도 아닌 학용품이라는 것을 알면서도 보물을 찾기 위해 적극적이었고 설레었던 것들이 천진난만한 어린아이들의 마음이었나 봅니다.

이렇게 놀이는 그 놀이로서의 가치가 있는 것이고 놀이의 과정이 재미있는 것이지 놀이의 결과로 주어지는 상품들은 명분일 뿐 경험상 그리 중요하지 않았다는 생각이 들었습니다.

그렇게 넓게만 느껴졌던 보물찾기하던 그곳이 어른이 되어갔을 때는 작게 보였던 것은 제 몸과 마음이 자랐기 때문일 거라는 생각이 듭니다.

❀ ❀ ❀ 놀이마당 46 수건돌리기

봄 소풍이나 가을 소풍에서 빠지지 않던 놀이가 수건돌리기 놀이였습니다. 수건돌리기 놀이는 누가 누구랑 친한지도 알 수 있으며 누가 달리기를 잘하고 못하는지도 금방 알 수 있는 놀이입니다.

반 전체 어린이들이 커다랗게 원을 만들어 풀밭에 앉아서, 내 손바닥과 옆에 앉아 있는 친구의 손바닥을 번갈아 치면서 노래를 부릅니다.

술래가 된 한 어린이가 수건을 감추고 친구들이 만든 원 밖을 빙빙 돌다가 살며시 한 친구가 앉아 있는 뒷자리에 수건을 놓고 뛰기 시작합니다.

뒤에 수건이 있다는 것을 눈치챈 친구는 손수건을 집어 들고 술래를 잡기 위해 힘차게 달리고 술래는 잡히지 않기 위해 힘껏 달려 수건을 놓았던 자리에 빨리 앉습니다.

만일 술래가 잡히면 벌칙으로 노래를 부르거나 엉덩이로 이름 쓰기 등을 하는 재미있는 놀이로 기억하고 있습니다.

초등교사가 되어 소풍 갔을 때 이 수건돌리기 놀이를 했더니 여전히 인기 만점이었습니다. 준비성에 비해 가성비가 좋은 추억의 놀이로 추천해 드립니다.

경험 놀이마당

　달팽이 길을 그리고 또 그려 아주 길게 겹겹이 그려놓고 가장 가운데에는 상대편이 신발을 한 짝씩 벗어놓고 나갑니다. 신발을 지키는 문지기 한 사람이 눈을 감고 서 있습니다.
　상대편은 신발을 찾기 위해 깽깽이를 뛰거나 아니면 그냥 달리기를 해서 빙글빙글 달팽이 길을 따라 안으로 들어간 다음 주인 몰래 살금살금 들어가서 신발을 한 짝 또는 신발을 모두 갖고 나오는 놀이입니다.

　문지기는 달팽이 길을 따라 나와도 되지만 눈을 꼭 감고 있어야 합니다. 빙빙 돌아 나오다 금을 밟으면 지는 것이 되기 때문에 제자리에서 팔을 저어가며 상대편을 감시하는 편이 놀이에 유리합니다.
　눈을 감고 상대편을 잡거나 만지면 잡힌 사람은 문지기가 되어 신발을 지켜야 하고 눈을 감고 있던 문지기는 출발선으로 돌아가 다시 보물찾기 놀이가 시작됩니다.

　뺏어온 보물인 신발은 본래의 신발 주인이 신고 놀이를 하며 다른 사람은 한발을 들고 깽깽이로 놀이를 하거나 포기한 채 양말을 신거나 맨발로 놀이하기도 했습니다. 신발을 모두 찾아올 때까지 보물찾기 놀이는 계속됩니다.

주의할 점은 달팽이 길을 그릴 때 간격을 넓게 그려야 놀이가 재미있어지며 간격이 좁으면 놀이가 조금 어려워집니다.

오랜 시간 놀아 양말에 흙이 더덕더덕 붙은 경우도 있었고 문지기가 눈을 감고 있어서 신발을 밟을 경우 오염이 되므로 하얀 운동화나 끈 운동화는 피하는 것이 좋습니다.

그 신발이 뭐라고 신발 보물을 찾으려고 진지하고 신중하게 빙글빙글 열심히 달렸던 그 시절이 많이 그립습니다.

경험 놀이마당

어린 시절 마당이 있는 곳에서 자란 저는 주변의 모든 것들이 놀이도구였습니다.

풀을 뽑다 보면 야생화 대접도 못 받는 어여쁜 풀꽃들이 어찌나 많은지 풀꽃들의 매력에 푹 빠지게 됩니다.

이른 봄 하얀 민들레 노란 민들레가 여기저기 지천으로 피어 눈 호강을 시켜줍니다. 당시 민들레 잎을 먹는다는 것을 저는 상상도 못 했었기에 모두 뽑아 버리고 민들레꽃을 보기 위해 몇 포기만 남겨두었습니다.

손끝으로 민들레꽃 감촉을 느껴보기도 하고 코를 들이대고 쿵쿵거리기도 하면서 민들레 홀씨 날릴 생각이 앞섰답니다.

꽃대가 쑥 올라와 둥그런 회색빛을 띠면 제 마음도 덩달아 둥글둥글 여물어갔습니다.

낙산해수욕장의 봄바람이 어찌나 매섭던지 입으로 불어 홀씨를 날릴 겨를도 없이 어느 날 갑자기 모두 어디론가 바람에 날려 흩어져 버리기 때문에 민들레꽃이 지고 난 후 제대로 둥근 모양으로 된 하얀 꽃씨를 몇 번 불어보지도 못하고 민들레 홀씨와 이별을 하게 됩니다.

이렇게 민들레 홀씨를 입으로 불어가며 놀아봤기에 훗날 학교에서 식물의 번식에 대한 생물 선생님의 설명이 책으로만 배운 지식이라는 걸 알아차림 할 수 있었습니다.

고추밭에 많이 자라는 풀 중에 채송화와 비슷하지만 비교해 볼 때 줄기가 좀 더 굵으면서 붉고 잎은 넓적한 쇠비름이 있었습니다. 줄기가 연해 구부리면 똑똑 부러지는 이 풀에도 손톱의 오분의 일만큼 매우 작은 노란색 꽃들이 피는데 볼 때마다 참 예쁜 꽃이라는 생각이 들어 한참을 들여다보곤 했으며 뽑아버리기 싫었습니다.

참 재미있는 이름을 가진 애기똥풀도 노란 꽃이 피며 줄기에서 노란 액체가 나오는 흔히 볼 수 있는 풀꽃이었습니다. 땅속에서 나온 아카시아 새싹 줄기에선 붉은 액체가 나왔으니 다른 식물들의 줄기에선 어떤 빛깔의 액체가 나올지에 대한 궁금증이 한때는 컸었던 것으로 기억됩니다.

줄기를 부러뜨리면 노란 액체가 나오는 것이 마치 애기 똥과 닮아 애기똥풀이라는 이름을 갖고 있다는 것을 교사가 되어서야 알았으며 그 이전까지는 그저 이름 모를 풀꽃이었습니다.

이렇게 이름이 있고 없고는 풀꽃조차도 가치의 유무 정도가 달라진다는 것을 알 수 있는 만큼 작은 들풀의 이름이라도 알아보고 관심을 갖고 불러주는 것이 자연 사랑의 첫걸음임을 잠시 생각하게 되는 봄날 오후입니다.

화장실 근처에는 줄기가 제법 나뭇가지처럼 뻣뻣한 식물이 잘 자랐습니다. 하얗고 매우 작은 꽃이 피었다 지고 나면 동글동글 진한 검은 보랏빛 열매가 맺히므로 우리는 감탕나무라고 불렀습니다. 해마다 같은 곳 주변에서 풀을 볼 수 있었으므로 엄마는 뽑아버리지 않고 세워두셨습니다.

이 열매를 따 먹고 나면 오디를 따 먹었을 때처럼 입 주변과 하얀 치아가 물들어 서로 쳐다보며 웃곤 했던 웃음꽃 피는 풀꽃 놀이였습니다.

한편 굴뚝 뒤 가시철망이 얽혀 있는 커다란 바위틈 사이에는 달개비풀(닭의장풀)이 무성하게 자라고 있었습니다. 번식력이 좋아 뽑아버려도 또 자라서 샛노란 수술이 돋보이는 청보라 빛 작은 꽃송이들을 피웠습니다.

꽃밭 귀퉁이에 소복하게 자란 아침에 피었다 저녁에 지는 양달개비 꽃과 비교해서 꽃도 작고 꽃밭이 아닌 돌무더기에서 자라는 달개비 꽃이 존중받지 못하는 이유가 무얼까 생각해 본 적이 있습니다.

자세히 살펴보면 달개비 잎이 습기를 머금고 있어 매우 싱싱한 초록 잎이 매력적이고 번식력도 좋아 한 번쯤 베란다에서 화분에 길러보고 싶다는 생각을 아직까지 버리지 못하고 있습니다. 모든 사람들이 달개비 풀을 화분에 심어 키우지 않는 이유야 뻔한 일이지만 언젠가는 꼭 달개비 풀을 심어 한철만이라도 실내에 두고 볼 것입니다.

❀❀❀ 놀이마당 49 닭싸움 놀이

왼발이나 오른발 중 편한 한발을 들어 두 손으로 붙잡고 한 다리로 서서 균형을 잡습니다. 이러한 자세로 서거나 뛰어다니면서 상대편의 들어 올린 무릎을 쳐서 올린 다리가 풀어지면 이기는 놀이입니다.

상대의 무릎을 올려치거나 내려쳐도 상관이 없으며 한 사람이 여러 명을 쓰러뜨려도 좋습니다. 규칙은 두 손으로 들어 올린 발목을 잡아야 한다거나 한 팔은 자유롭게 놓아도 된다는 등 사전에 협의해서 정하는 대로 따르면 됩니다.

닭싸움 놀이는 교실, 방안, 운동장, 마당, 씨름장이나 모래사장, 멀리뛰기장 등 장소를 가리지 않고 어디서나 즐길 수 있는 놀이이기 때문에 소풍날에도 많이 하는 놀이입니다.

한 다리로 서서 도망가다 스스로 넘어지는 경우도 있고 공격을 하다가 상대방이 살짝 피하면 자신의 공격력에 힘 조절을 못 하고 휘말려 쓰러지기도 하는 운동량이 많은 재미있는 놀이였습니다.

개인놀이 단체놀이 모두 가능하므로 놀이시간을 단축할 수도 있고 늘릴 수도 있습니다. 단체 닭싸움 놀이에서는 한 사람을 여러 사람이 동시에 공격해서 쓰러뜨려도 되고 공격을 하지 않고 도망 다니면서 끝까지 살아남는 친구도 있었습니다.

양성평등 시대에 잘 어울리는 놀이라는 생각이 듭니다.

우리 집에서 바닷가 나가는 길은 큰길과 작은 길이 있는데 사람들과 차들이 오가는 큰길보다 샛길을 자주 이용했습니다.

그곳에는 길가 양쪽으로 아카시아나무가 자라고 있어 봄부터 가을까지 참 재미있는 놀이터가 되어주곤 했습니다.

아카시아나무가 자라던 곳이라 바닥에는 가시가 많이 있어 찔리지 않도록 조심해야 합니다만 아랑곳하지 않고 우린 그곳에서 미용실을 개장하고 놀이를 시작했습니다.

겨울에 동네 사람들이 아카시아나무를 베어다 불을 지피고 나면 봄에 땅속에서 붉은빛을 띤 새순이 올라옵니다.

그 새순을 똑 꺾으면 진분홍빛 액이 나오는데 우리는 그것을 친구들 손톱에 정성껏 발라주었습니다.

실제 매니큐어 색깔보다 더 곱기 때문에 열 손가락 모두 칠해도 과하지 않은 아름다운 손가락의 추억을 덕분에 가질 수 있게 되었습니다.

어릴 적 아카시아 새순으로 손톱에 칠했던 그 빛깔보다 깔끔하면서 아름다운 매니큐어 색상을 보지 못했기에 친구가 매니큐어를 선물해 줘도 바르고 싶다는 생각이 들지 않았습니다.

멋이란 정말 아름답다는 생각이 들어야 시간과 돈을 투자할 텐데 매니큐어 바른 손가락이 정말 아름답다는 생각이 들지 않는 것은 어린 시절 손톱 끝에서 햇살에 반짝이던 그 빛깔을 아직도 찾지 못했기 때문이기에 아마도 영원히 매니큐어를 제 손가락에 바르는 일은 없을 것 같습니다.

시간이 흘러 아카시아 꽃향기가 코를 찌르고 잎이 무성해지는 여름이면 바닷가를 오가는 길에 너나 할 것 없이 아카시아 잎을 따서 가위바위보를 하면서 진 사람이 한 잎씩 떼어내는 게임을 합니다.

진 사람이 이긴 사람의 소원을 들어주기도 했습니다. 특히 연인들의 애정행각이 심해지는 놀이가 이 아카시아 잎 떼어내기 놀이였던 것으로 기억합니다.

아카시아 잎이 완전히 자라 줄기가 억세 지면 우리는 가위바위보를 하면서 아카시아 잎을 한 잎 한 잎 모두 떼어버리는 놀이를 했습니다. 벌칙으로 꿀밤 맞기도 하고 파마머리 모델을 정하기도 했습니다.

이와 같이 놀이를 통해 억센 줄기들을 모아 다시 미용실 놀이를 시작했습니다.

긴 머리카락을 아카시아 잎줄기로 돌돌 감아 말아 올려 동그랗게 묶은 뒤 한참을 놔두었다 풀면 꼬불꼬불 한 파마머리가 됩니다. 제법 그럴듯한 파마 모양이 나오기도 하고 들쑥날쑥 엉망진창이 되어 우는 친구들도 있었습니다.

이렇게 아카시아나무는 우리들의 추억의 미용실이 되어 미적 감각을 길러주기도 하고 파마 매니큐어 칠하기 등 원 없이 생각대로 실컷 꾸며 봤기에 어른이 되었을 때 사치스런 마음을 없애주기도 한 훌륭한 놀이도구가 되어주었습니다.

❀❀❀ 놀이마당 51 봉숭아 꽃놀이

봉숭아 꽃놀이는 꽃물들이기 놀이와 씨앗 튕기기 놀이가 있습니다.

봉숭아 꽃잎을 따서 소금이나 백반을 넣어 돌로 찧어서 꽃물을 들이면 더욱 예쁘게 물이 들었습니다.

분홍 꽃잎, 보라 꽃잎, 흰 꽃잎 주홍 꽃잎을 한 잎 한 잎 딸 때마다, 바구니에 쌓일 때마다 설레던 마음이 아직도 생생합니다. 꽃잎을 너럭바위에 놓고 돌로 자근자근 두드리면 바위와 돌이 물들기 시작하면서 우리들 마음부터 붉게 물들었습니다.

한낮에 봉숭아 꽃물을 들였더니 밥 먹기조차 불편해 오래 들이지 못하고 떼어버려야 하기에 불편한 점이 한두 가지가 아니었습니다.

좋다고 판단한 것은 바로 실천해 보는 편이었던 저는 싱싱한 꽃잎들과 크고 싱싱한 봉숭아 초록 잎을 햇살이 비치는 늦은 오후에 미리 따두었습니다. 꽃잎을 따는 동안은 성악가가 되어 있습니다.

"울 밑에선 봉선화야 네 모양이 처량하다……."

입을 크게 벌려가며 목소리를 굵게도 내보고 길게 호흡을 끌어보기도 하면서 어느새 뜨락(마당) 바위는 노래자랑 무대가 되어 있었습니다.

이렇게 아이들의 놀이는 끊어진 듯해 보이나 잠시 또는 하룻밤 정도 쉬는 것일 뿐 머릿속의 놀이는 연결되어 있다는 것을 제가 잘 놀아봤기에 알 수 있는 것입니다.

바구니에 소담스럽게 담긴 분홍, 하양, 보라, 주홍 꽃잎들과 초록 잎이 어우러져 사랑의 꿈을 펼칩니다. 바라보는 내내 마음이 들떠 저녁밥도 먹는 둥 마는 둥 하고 드디어 밤이 되면 백반을 넣고 꽃잎을 찧기 시작했습니다.

꽃잎을 찧던 바위 있는 곳은 풀숲이라 모기가 극성을 부리므로 처음에는 쑥을 태워 모깃불을 만들어 쫓았지만 나중에는 봉숭아 꽃잎을 찧는 조그만 전용 절구를 두어 우리 집을 방문한 사람이면 누구나 꽃물을 들이고 싶을 때 언제라도 시도를 할 수 있었습니다.

백반을 넣어 찧은 봉숭아 덩어리를 조금 덜어 손톱 위에 살짝 올려놓은 다음 초록 잎으로 감싼 뒤 옥양목 천을 쭉쭉 찢어 칭칭 동여매고 꽃물 들이는 날이면 일찍 잠자리에 들었습니다.

경험 놀이마당

분명 잠자리에 들기 전 두 팔을 머리 위로 들어 만세를 부르며 잠들었는데 아침에 깨어 보면 손톱을 감쌌던 옥양목은 빠져 있고 여기저기 이불과 베개에 잘 지지도 않는 봉숭아물이 누르스름하고 거무튀튀하게 물들어 있어 난감했던 적도 있습니다.

그 후 옥양목 대신 비닐봉지를 길게 잘라 칭칭 감았더니 난감한 상황을 벗어날 수 있었습니다.

손톱에 천이나 비닐을 칭칭 감고 잠드는 동안 소금이나 백반이 화학 작용을 일으켜 매염제 역할을 한다는 것을 막연하게나마 어렴풋이 터득했던 것 같습니다.

이러한 꽃물들이기 가족 놀이 덕분에 성인이 되어서 누렇게 변한 티셔츠에 양파 껍질을 버리지 않고 염색해 보면 어떨까 하는 생활 속의 과학을 생각하며 살고 있습니다.

화단이나 마당가 여기저기 피어 있는 봉숭아꽃이 지고 난 자리에 오동통한 작은 타원형 열매가 맺힙니다. 이 열매가 점점 커지면서 껍질의 짙은 녹색이 누르스름해 지면서 억세 보일 무렵 손가락으로 살짝 건드리기만 해도 껍질이 뒤집혀 꼬이면서 매우 작은 씨앗들이 튕겨져 퍼집니다.

한번 맛을 들이면 너무 재미있어 동생과 여기저기 돌아다니면서 톡톡 건드리는 놀이를 했습니다. 봉숭아꽃 씨앗 껍질이 뒤틀린 모습이 우스꽝스러워 자꾸만 봉숭아 씨앗 튕기기 놀이를 했었던 그때 그 시절이 그립습니다.

엄마랑 함께 큰어머니까지 손톱에 봉숭아 꽃물을 들이고 잠들던 날, 첫눈이 올 때까지 손톱 끝에 꽃물이 남아 있으면 첫사랑이 이루어진다는 말을 믿으면서 새끼손가락 하나만이라도 꽃물을 남기려고 손톱을 자르지 않고 길게 길렀던 추억도 간직하고 있습니다.

바람대로 첫사랑은 이루어졌고 풋풋했던 그 시절로 다시 돌아갈 순 없지만 추억을 되새김질할 수 있는 감사한 오늘이 있음은 놀이로 생체 근육과 생각 근육을 만들었던 추억 놀이 덕분이라고 생각합니다.

❀❀❀ 놀이마당 52 나팔꽃 찍기 놀이

여름방학 무렵이면 동네 곳곳에 보라색 나팔꽃이 피었습니다.
바닷가 주변에 자연적으로 피어나는 연분홍 연보랏빛 메꽃과는 다른 진보라 꽃들이 마을의 집 울타리에 피어 있어 우리들은 어린음악대 노래를 부르며 활짝 피어 있는 나팔꽃을 땄습니다.

바닷가에서 새벽에 조기 청소를 하고 돌아오는 길, 이른 아침이면 유난히 싱싱하고 활짝 핀 나팔꽃을 볼 수 있는데 아침부터 나팔꽃놀이 판이 시끄럽게 펼쳐집니다.
네 옷에 물들이자 내 옷은 안 된다 등 서로 의견이 분분해지고 결국 가위바위보나 흰색 계통의 웃옷을 입은 친구로 결정이 됩니다.

경험 놀이마당

무슨 놀이든지 놀이할 때보다 대부분 놀이하기 전의 과정이 더 재미있었습니다. 놀이에 대한 기대감이 기분을 상승시키는 역할을 하는 것 같습니다. 하얀 티셔츠를 입은 친구의 등판에 갓 딴 싱싱한 나팔꽃을 올려놓고 손바닥으로 단번에 내려치면 보라색 나팔꽃 자국이 선명하게 남았습니다. 일종의 프레스 효과라고 할 수 있는 염색 방법을 우리는 놀면서 만들어 냈던 것입니다.

사람에 따라 내려치는 힘의 강약이나 각도 그리고 손바닥 크기에 따라서 각각 다른 보라색 나팔꽃 자국이 찍히기 때문에 이 놀이 과정은 결과에 대한 기대감이 매우 높았습니다.

기대가 크면 실망도 큰 법. 찌그러진 나팔꽃 무늬가 나오거나 티셔츠와 등짝을 내준 친구가 겁을 먹고 살짝 피하거나 움찔거리기라도 하면 왁자지껄 해지고 어수선한 가운데 기대감은 더욱 상승했습니다.

이 놀이는 바닷가에서 조기 청소 하는 일요일 아침에 주로 했으므로 어느 집에서 아침밥을 먹으라는 외침이 들려와야 끝나는 놀이였습니다.

호박꽃이나 측백나무 잎을 따서 같은 방법으로 찍어 보았지만 효과는 별로였습니다. 나팔꽃 찍기 놀이는 스케치북 도화지에 찍어도 잘 나왔습니다. 진학을 해 미술시간에 스텐실 판화 기법을 배우면서 천연 염색의 가장 빠른 방법을 고안해 놀았던 어린 시절의 우리들이 기특한 자연 예술가였음을 알게 되었으며, 나팔꽃 찍기 놀이 추억을 끄집어냈던 그 날은 더욱더 행복한 미술시간이었습니다.

이 글을 쓰면서 애기똥풀이나 뽕나무 열매인 오디, 생감 껍질, 아카시아 새순, 산딸기, 하늘나리 중나리 땅나리 참나리 꽃 수술의 꽃가루, 호박꽃 암술, 촉촉한 양파 껍질, 앵두, 체리 그 밖의 천연색소가 잘 나올만한 식물이나 독이 없는 풀들을 찾아내서 붓이 아닌 천연 재료 그 자체를 사용해 그림 그리기 놀이를 하면 좋겠다는 생각을 했습니다.

식물의 줄기를 부러뜨려 나온 액체나 과일을 깎은 껍질, 열매의 색소, 잎을 찧어서, 꽃가루 사용 등 천연 색감을 발견하는 놀이가 바로 창조요 예술 행위 그 자체라고 할 수 있을 것입니다.
이 놀이 효과는 훗날 상상할 수 없을 정도의 좋은 시너지를 창출할 수 있을 것이라고 확신합니다.

경험 놀이마당

🍀🍀🍀 놀이마당 53 조개잡기 놀이

어릴 적 뛰어놀던 고향을 생각하면 풍요로운 자연 그 자체라는 생각이 듭니다. 집 바로 옆에 도랑이 흐르고 조금만 걸어 나가면 드넓은 동해 바다가 있고 민물과 바닷물이 만나는 조경 수역이 있어 드넓은 갈대숲 위로 철새들이 하늘을 가득 채우고 이리저리 날아다니는 멋진 광경을 연출했습니다.

수영선수들이 수영장으로 사용하는 커다란 갯가도 있었고 드넓은 논과 밭 옆으로 흐르는 크고 작은 수많은 도랑들이 있었으므로 우리들에게는 좋은 놀이터가 되었습니다.

논 옆에 흐르는 도랑에 미나리 캐러 갔다가 우렁이를 잡아 오기도 했습니다. 낙산 쪽으로 가는 동국대학교 별장이 있는 근처에 부들과 갈대가 자라는 폭이 넓은 강물에는 검은빛을 띤 진갈색의 마합이라는 큰 조개가 있어 몇 개만 주워도 대야에 가득 찼습니다.

날씨가 따뜻한 날이면 그리 깊지 않은 물의 온도도 따뜻해지고 마합이나 우렁이들이 밖으로 나와 있어 줍기만 하면 됩니다.

무릎까지 오는 맑은 물을 자세히 들여다보면 모래 위 우렁이와 마합들이 지나간 자리에 선으로 흔적이 남아 있어 그곳을 파면 조개들이 나왔습니다.

바다나 커다란 갯가에서 조개를 잡을 때면 상황이 달라집니다.

해안가 근처 얕은 바다에서 비단 조개를 잡을 때에는 트위스트를 추면서 발바닥으로 조개를 감지했습니다.

발가락으로 조개를 집어 올리는 방법도 있지만 바닷물에 몸이 둥둥 떠 빙그르르 몸이 뒤집힐 수 있기 때문에 그럴 바에는 차라리 처음부터 잠수하는 편이 조개잡기가 수월했습니다.

잠수를 해서 조개를 건져 올린 후 밀려오는 파도에 의해 다시 물속에서 허우적댈 수 있기 때문에 파도가 밀려오는 타이밍을 잘 맞추어서 잠수했다 파도가 지나간 뒤 물 밖으로 나오는 것이 중요한 포인트였습니다.

깊은 냇가에서도 마찬가지로 트위스트를 추면서 재첩이 있는 곳을 발바닥으로 파악한 뒤 잠수를 해야 하는데 이때 바닥의 부유물로 인해 앞이 보이지 않고 눈을 감아야 하므로 숨을 멈추고 짧은 시간에 재첩을 손으로 움켜쥐고 물 밖으로 나오는 기술이 필요했습니다.

위와 같은 상황이 반복되다 보니 어느새 친구들과의 물놀이는 조개잡기 놀이와 잠수 놀이로 바뀌었습니다.

이러한 조개잡기 놀이 결과물은 풍성한 식탁으로 올라와 누구 엄마의 어지럼병을 고치는 효도 놀이가 되기도 했으며 트위스트를 따로 배우지 않았어도 자연스럽게 트위스트 춤을 출 수 있게 되었으며 조개잡기 놀이가 트위스트 춤 연습이 된 것 같아 속으로 웃었답니다.

경험 놀이마당

❀❀❀ 놀이마당 54 물수제비뜨기

　해수욕장 근처에 냇가가 있어서 바다에서 놀다가 소금기를 민물에 와서 씻으면서 더 놀다 집으로 돌아왔습니다. 이때 납작한 작은 돌을 주워 잔잔한 물에 비껴 던지면 돌이 물 위로 톡톡 튀면서 날아갔습니다.

　저는 어쩌다 실력이 아닌 요행으로 돌이 한두 번씩 수면에 튀면서 될 뿐이었으며 잘하는 아이는 돌을 던지기만 하면 수면 위에서 서너 번 멋지게 튀면서 쉽게 물수제비뜨기 놀이를 했습니다.

　갯가에는 돌이 많지 않아 어쩌다 눈에 띌 때 한 번씩 물수제비뜨기를 할 수 있거나 볼 수 있었습니다.

　물수제비뜨기를 잘하고 싶어서 빨래터가 있는 말기 시냇물에서 몇 번 더 던져 보았지만 요령을 터득하는 데 실패했으며 물수제비뜨기에는 재주가 없는 듯해 이 놀이는 재미가 없어 제게서 쉽게 잊혀졌습니다.

　아무 생각 없이 돌을 던지며 물수제비뜨기 놀이를 했었고 잔잔한 호수를 바라볼 때면 물수제비를 잘 뜨고 싶었지만, 훗날 무심코 던진 돌에 개구리가 맞아서 죽는다는 말을 들을 때마다 물수제비뜨기에는 재주 없었기를 참 다행으로 생각한 적도 있었습니다.

　아울러 누군가가 무심코 던진 말 한마디에 상처를 받지는 않았는지 돌이켜 보면서 앞으로는 더욱더 배려하는 차원에서 말조심해야겠다는 생각을 하게 됩니다.

여름방학이 되면 서울에서 고등학교를 다니는 오빠가 내려오는데 방학 때만 볼 수 있는 오빠라서 보고 싶기도 하지만 일단 엄마 얼굴에 웃음꽃이 피었기에 저도 많이 기다렸습니다.

오빠가 서울서 내려오면 중학교 동창생들인 오빠 친구들도 집에 많이 왔었으며 엄마는 그 더운 여름날 얼굴 한번 찡그리지 않으시고 며칠씩이나 오빠 친구들 밥까지 해서 먹이셨습니다.

천렵이란 무더운 여름날 물가에서 물고기를 잡으면서 더위를 피해 노는 것을 말합니다. 오빠와 친구들은 어디서 갖고 왔는지 양쪽 끝에 가늘고 긴 막대 손잡이가 있는 그물인 반두나 족대를 갖고 와서 말기에서 미꾸라지를 잡았습니다.

두 명이 반두 막대 손잡이 각각 한쪽씩을 잡고 물속 밑을 훑으면서 걸으면 다른 오빠들은 물가의 풀숲을 발로 밟으면서 민물고기나 미꾸라지를 한쪽으로 몰아갑니다.

심부름 담당인 저는 집에서 양동이를 들고 나가 말기 둑 위에서 내려다보며 연신 계속해서 웃었습니다. 오빠들이 물고기를 몰 때 야릇한 소리를 내면서 어깨동무를 하고 물속에서 첨벙대는 모습이 참 재미있어서 웃으면 오빠들은 더 신이 나서 첨벙대면서 올려다보며 웃었습니다.

같은 방법으로 반두나 족대로 이곳저곳을 누비면서 미꾸라지를 잡았습니다. 워낙 청정 지역이라 양동이에 미꾸라지가 반 이상 채워지면 저는 집으로 빨리 달려와서 엄마 심부름을 했습니다.

먼저 엄마께서 마당 수돗가 옆에 화덕을 설치하신 후에 불을 지피시고 저는 신나게 펌프질을 해 욕조만 한 대야에 물을 한가득 받아 둡니다. 그다음 밭에서 뽑아 온 대파를 씻어 두고는 집 택호도 기억나지 않는 마을의 외진 곳에서 홀로 사시는 어떤 할머니 댁 마당 구석에 있는 초피 잎을 따러 갔습니다.

일단 큰 소리로 할머니를 불러보지만 대답은 없으시고 으스스한 마음으로 겨우 초피 잎을 조금 따서 도망치듯 집으로 달려왔습니다. 초피 잎은 그 당시 우리는 제피 잎이라고 불렀으며 추어탕에 꼭 들어가는 감초 같은 역할을 하는 나뭇잎이었습니다.

드디어 오빠들이 미꾸라지를 잡아서 왁자지껄하게 집으로 돌아오고 엄마께서 양동이 속에 있는 미꾸라지를 향해 소금을 치시면 미꾸라지들의 활동이 갑자기 활발해지면서 서로 뒤엉키고 거품이 마구 생겼고 저는 무섭고 징그럽기도 해 도저히 볼 수가 없어 고개를 돌렸습니다.

엄마는 다시 미꾸라지를 맑은 물에 깨끗이 씻어놓으신 후 화덕 위 무쇠솥에서 펄펄 끓고 있는 물에 고추장을 풀고 통 미꾸라지에 밀가루를 묻혀 살살 털어 가시면서 넣으셨습니다.

제가 무서움을 참고 마음 졸이면서 어렵게 뜯어온 초피 잎도 잘게 다져서 넣으시고 제가 간 마늘도 듬뿍 찧어서 넣으셨습니다.

한참을 푹 끓이신 후 마지막으로 작고 연한 풋고추에 밀가루를 살짝 뿌리신 뒤 섞어, 귀한 계란 물에 묻히신 후 커다란 무쇠솥 안에서 휘휘 동그라미를 그려 가면서 계란물이 연결되도록 넣으신 후 이어서 대파도 어슷썰기로 큼직큼직하게 썰어 계란 옷을 입혀 넣으시고는 한소끔 끓여 주시면 매콤한 고추장 끓는 냄새와 더불어 구수한 추어탕 냄새가 코끝을 자극했습니다.

김이 모락모락 나는 펄펄 끓는 추어탕을 한 대접씩 퍼서 주면 오빠들이 어찌나 맛있게 먹던지 그렇게 많던 추어탕 솥에 바닥이 보이고 저도 엉겁결에 출출한 배를 채우며 맛있게 먹었습니다.

어른이 되어 아무리 유명한 추어탕 집을 찾아가서 먹어봐도 우리 엄마의 손맛을 능가하는 맛있는 맛을 찾지 못했습니다. 우리 엄마의 추어탕은 아마도 추억과 사랑이라는 양념이 더해져서 더욱 맛이 있을지도 모르겠습니다.

이렇게 미꾸라지를 잡는 데서부터 추어탕을 완성하기까지 처음부터 끝까지 천렵음식 만들기에 참여했으니 지금도 잘 먹지 못하는 통추어탕을 그때는 맛있게 먹을 수 있었다고 생각합니다.

이제 93세, 너무 쇠약해지셔서 오빠들의 천렵을 위해 파 마늘 초피 잎을 썰 때 나던 경쾌한 엄마의 도마 소리를 다시는 들을 수 없다고 생각하니 가슴이 먹먹해집니다.

경험 놀이마당

❦❦❦ 놀이마당 56 살아 있는 곤충관찰 놀이

고향은 산과 들 그리고 흐르는 냇물도 풍부하니 당연히 자연스럽게 숲속과 마을 어디에서라도 쉽게 곤충을 볼 수 있었습니다. 여름이면 보건소에서 자동차에다 소독약을 싣고 와서 연막탄처럼 뿌리고 갔으며 우리 마을은 관광지라서 더욱 소독과 환경 미화에 신경을 썼던 것 같습니다.

대로변에는 항상 꽃들이 피어 있어서 하굣길에 언제든지 손쉽게 벌과 나비를 자세히 관찰할 수 있었습니다.

뽕나무에는 참새나 이름 모를 새들이 항상 지저귀고 있고 감나무에는 송충이가 기어 다니며, 마당 고염나무와 빨랫줄에는 잠자리가 날아와 쉬었다 가고 처마 밑 제비들이 합창을 하고 앞 밭에 있는 전봇대의 전깃줄에는 까치들이 날아와서 일렬횡대로 앉아 깍깍대니 일찍 일어날 수밖에 없었습니다.

이른 봄 유채밭에 노란 꽃이 피면 배추흰나비가 날아다니기 시작해 텃밭의 감자밭 콩밭에서는 애벌레가 있고 굼벵이와 땅강아지가 나오며 눅눅한 담 구석의 돌을 들추면 노래기, 지네, 쥐며느리가 나오고 굴뚝 뒤에 쥐도 숨어 있으니 가끔 어디선가 들고양이도 나타났습니다.

꽃밭에는 봄부터 가을까지 계절마다 꽃이 피어 있었고 청개구리 두꺼비가 살고 메뚜기 방아깨비 사마귀까지 볼 수 있었습니다.

　비 오는 날은 식물 잎에 달팽이가 붙어 있고 마당의 물이 고인 웅덩이에는 붉고 커다란 지렁이가 나와 있고 개미집 주변은 흙을 퍼다 쌓아 버린 흔적들이 뽀글뽀글 동글동글 재미있는 흙담을 개미들이 만들어 놓았습니다.

　헛간과 큰방에서는 누에가 자라서 누에고치를 틀었었고 여름밤 마당 불을 켜면 불나방을 비롯해 각종 이름 모들 곤충들이 날아들어 아침이면 마루 위에 떨어진 곤충시체를 쓸어내야 하는 등 눈만 돌리면 주변에서 사계절 관찰 놀이를 할 수 있었습니다.

　무궁화나무 근처엔 유난히 거미줄이 많이 쳐져 있었으며 작은 곤충들의 시체와 이슬 또는 빗방울들이 함께 걸려 있고 거미줄에 얽혀 있는 모양이 독특해서 재미있다고 생각한 적은 있지만 지저분하다고 거미줄을 걷은 기억은 전혀 없습니다.

　그런데 여름방학 숙제로 곤충채집이 꼭 들어 있었습니다. 살아 있는 곤충은 관찰한 후 날려 보내거나 원위치로 보내면 되는데 곤충채집은 곤충을 죽여 하루 핀을 꽂아 고정시켜야 하니 재미도 없을 뿐만 아니라 곤충을 잡아 죽여야 하는 것이 싫었지만 숙제를 안 할 수도 없고 미루고 미루다 개학이 다가오면 곤충채집 흉내만 내서 제출했습니다.

　물론 교사가 되어서는 곤충채집 숙제를 내주지 않았으며 어떠

경험 놀이마당

한 과제를 내줄 때에는 아동의 입장에서 다시 한번 생각해 보는 계기가 될 수 있었던 것은 살아 있는 곤충관찰 놀이를 한 덕분이라고 생각합니다.

❦ ❦ ❦ 놀이마당 57 방아깨비 놀이

방아깨비는 메뚜기보다 훨씬 크고 사마귀 크기만 하거나 조금 작은 초록색의 곤충입니다.

풀밭이나 꽃밭에서 방아깨비를 잡아 두 다리를 잡으면 머리와 몸통 부분이 디딜방아 공이처럼 위아래로 왔다 갔다 했습니다. 이렇게 방아 찧는 모습이 재미있어 방아깨비를 잡아서 동생과 함께 머리를 맞대고 들여다보며 갖고 놀았습니다.

다치지 않게 조심스럽게 한참 갖고 놀다가 방아깨비가 살던 곳으로 돌려보내 주고 나면 기분이 좋아져 콧노래가 절로 나왔었습니다.

지금은 방아깨비가 어디에 살고 있는지 궁금할 정도로 한 번도 본 적이 없는 사라진 놀이가 된 것 같습니다.

자라나는 새싹들에게 방아깨비 놀이 기회를 제공해 주기 위해서라도 자연보호 환경보호가 절실함을 우리는 하루빨리 인식해야 할 것입니다.

❣❣❣ 놀이마당 58 메뚜기 잡기 놀이

메뚜기는 가을 들판의 풀숲이나 논의 누렇게 익은 벼 이삭과 기다란 잎에서 많이 볼 수 있는 식용 곤충입니다. 특히 뒷다리가 발달해 높이 멀리 뛰기도 하고 날개가 있어 날아다니기도 합니다.

이러한 메뚜기를 잡기 위해선 재빠르게 또는 숨을 죽이면서 살금살금 다가가 낚아채듯이 잡아야 하기 때문에 집중이 필요한 활동입니다.

메뚜기 잡기 놀이의 첫 출발은 우연한 기회에 알게 되었습니다. 어느 날 학교에서 돌아오던 길에 어떤 아주머니께서 풀숲에서 메뚜기를 잡으시기에 우리들도 따라잡기 시작했습니다.

폴짝 뛰어 멀리 도망가는 메뚜기 움직임이 신기하고 재미있어 시간 가는 줄 모르고 한참을 잡았습니다. 아주머니께서 하시는 대로 강아지풀을 뽑아 메뚜기 한 마리씩 등 부위를 끼워 줄줄이 엮어서 집으로 가져 왔습니다.

엄마는 석유곤로 위에 냄비를 올려 달구시더니 메뚜기를 넣으시고 재빨리 뚜껑을 닫으셨습니다. 조금 있다가 구수한 냄새가 나더니 초록색이었던 메뚜기가 볶아져서 갈색의 메뚜기가 나왔습니다.

처음에는 징그러워 못 먹겠다고 고개를 흔들며 손사래를 쳤었지만 구수한 냄새에 이끌려 호기심 반 용기 반으로 조심스럽게

경험 놀이마당

맛을 보았더니 바삭바삭하고 맛도 구수한 것이 먹을 만했습니다.

　그 후로 메뚜기를 한두 마리씩 먹기 시작했는데 처음에는 날개를 떼어내고 먹었으나 꼭꼭 씹으면 고소한 맛에 먹을수록 맛이 있었습니다.

　엄마께서 서울에 있는 고급 술집에서는 메뚜기가 제일 비싼 안주로 나온다더라는 이야기를 들으시고, 콩기름을 살짝 두르고 소금도 살짝 뿌려서 메뚜기를 볶아주셨습니다.

　지금 생각해 보면 먹거리가 풍부하지 못했던 1970년대 초반 고단백질의 영양 간식으로 참 맛있게 먹었던 기억이 있으나 지금 먹으라고 하면 어떨지 잘 모르겠습니다.

　초등학교 4학년 때 큰어머니께서 양양 장날에 장마당에서 메뚜기를 산다고 팔아다 줄 테니 잡아 오라고 하셨습니다.

　동생과 둘이서 소주 4홉보다 큰 대병을 들고 메뚜기를 본격적으로 잡기 위해 동네에서 가장 넓은 논들이 많은 버덩이라는 곳에 나갔습니다.

　버덩은 해안평야가 발달된 곳으로 우리 마을에서 양양으로 시내버스를 타고 통학할 때면 봄부터 차창 밖으로 펼쳐지는 초록 물결부터 시작하여 벼가 익은 가을의 풍요로운 노란 물결과 벼를 베어 한 단씩 크게 묶어 논바닥이나 논둑에 줄줄이 세워 말리는 진풍경이 너무도 매력적인 아름다운 곳이었습니다.

소주 대병에 가득 잡으면 한 되가 된다고 하셨기에 첫날 목표는 대병을 가득 채우는 것이었으나 처음이라 메뚜기 잡는 것이 서툴렀고 동네 아주머니들과 아이들이 벌써 많이 나와 메뚜기를 잡고 있었으므로 메뚜기들이 어디로 도망갔는지 잘 보이지 않았습니다.

팔을 길게 뻗어 메뚜기를 잡으려고 집중하다 보면 논두렁에서 미끄러져 아직 물이 고여 있는 논에 발이 빠져 신발이 진흙 범벅이 되었고 메뚜기를 놓치는 경우가 있었습니다. 어쩌다 메뚜기를 등에 업은 두 마리를 한꺼번에 잡는 기분 좋은 횡재도 있었습니다.

두 시간 정도 잡다 보니 메뚜기 입에 연약한 손톱 부위의 살이 뜯겨져 나가고 잡힌 메뚜기가 발버둥 치면 다리에 붙은 가시가 손가락을 할퀴고 손바닥에 메뚜기 분비물이나 풀물이 들어 누렇고 지저분해져도 아랑곳하지 않고 메뚜기를 많이 잡으려고만 했었습니다.

한두 마리의 메뚜기가 있는 곳에 모두들 우르르 몰려들어 잡으려고 수선을 떠니 메뚜기들은 날아가 버리기까지 했습니다.

짧은 가을 해가 서산으로 넘어가고 어둑어둑해져 소주 대병의 반 정도밖에 잡지 못하고 집으로 돌아오는 길의 소주병 안에서 메뚜기들이 우글우글 뒤엉켜 발버둥 치는 모습은 제가 처음 본 아수라장의 충격적인 모습이었습니다.

풀잎이나 벼 이삭 뒤에 숨은 메뚜기를 잡으려고만 신경을 썼지

경험 놀이마당

병 속의 메뚜기들을 차분한 마음으로 들여다보지 않았던 것이었습니다.

너무 놀라 소주병을 세우지 않고 가로로 눕혀 흔들어 주었더니 조금은 숨통이 트이는 기분이었지만 그 후로 메뚜기 잡기는 별로 흔쾌하지 않았습니다.

메뚜기가 농약을 치지 않는 논과 밭이나 그 주변의 풀숲에 많이 있으며 사람들이 별로 가지 않는 조용한 풀숲에 많이 있다는 것도, 오후보다는 새벽에 논으로 나가면 메뚜기를 쉽게 더 많이 잡을 수 있다는 것도 몇 번 더 메뚜기를 잡으러 다닌 후에 터득할 수 있었습니다.

고학년이 되어서는 버덩이 아닌 할아버지 산소 가는 길의 산 밑에 있는 논과 밭에 메뚜기가 많이 있다는 것을 알고 친구들에게 가르쳐 주지 않고 뒷집 은자랑 동생과 셋이서만 잡으러 다녔습니다.

경지정리가 덜 된 곳이라 논둑길이 구불구불하고 논과 논 사이 수로의 폭이 일정하지 않아, 둘은 양말을 벗고 바지를 무릎까지 걷고 물에 빠져 건너오거나 논두렁을 따라 빙 돌아서 건너왔지만 저는 대부분 수로를 앞에 두고 멀리뛰기를 해서 건넜으므로 수로를 뛰어넘는 스릴 넘치는 쾌감이나 만족감이 메뚜기를 잡는 것보다 더 재미있었습니다.

이렇게 평소 뛰어놀던 경험이 많았던 탓으로 학교에서 운동선수를 뽑으면 무조건 친구들의 추천을 받았으며 60미터, 100미터 계주, 높이뛰기, 멀리뛰기 학교대표 선수였고 교내 마라톤 대회마다 입상했으며 심지어는 여고 시절 허들 종목까지 혼자 연습해서 시 대회에 참가해 상을 타기도 했습니다.

이러한 운동 감각은 유전적인 영향도 있겠지만 특별한 훈련이나 노력 없이 시군 대회에 나가 상을 탈 수 있었던 결과는 평소 자연 속에서 많이 뛰어 놀은 오랜 시간의 놀이 경험으로 인하여 운동신경이 발달했으리라는 추측을 해봅니다.

가장 기억에 남는 추억은 6학년 때 메뚜기를 잡아다 팔아서 수학여행을 다녀온 일입니다.

큰어머니께서 양양시장 도매상에게 팔아다 주신 돈으로 수학여행 경비를 내고 새 바지와 티셔츠까지 사서 입고 갔던 오대산 월정사에서 찍은 단체사진을 볼 때마다 감회가 새롭습니다.

엄마 신경 쓰시지 않게 태어나서 처음으로 돈을 벌어 혼자 무엇인가 커다란 일을 해낸 것 같아 뿌듯하고 스스로 대견했었던 성취감을 최초로 맛보았던 그 날을 평생 잊지 못할 것 같습니다.

메뚜기를 잡으러 다니면서 산기슭과 넓은 들판을 뛰어다니고 수로를 건너뛰어 넘는 것도 재미있었지만 무엇보다도 이상한 열매나 이름 모를 향기 좋은 꽃이 있으면 뜯어다 엄마께 여쭤보고 새로운 식물에 대해 알아가는 재미도 쏠쏠했습니다.

경험 놀이마당

메뚜기 잡기 놀이는 처음에는 뭣도 모르고 누군가를 무심코 따라 했던 놀이가 놀이로서 끝났던 것이 아니라 경제 활동의 생산적인 놀이가 되었다는 것에 주목할 만합니다.

이렇게 어린이들의 놀이는 성인이 되어 좀 더 크게 확대된 경제 활동의 뒷받침이 될 수 있는 경향도 있을 수 있기 때문에 어린이들의 놀이 속에서 무심코 던지는 말들도 주의 깊게 관찰하고 흘려듣지 않도록 세심한 관심을 기울여야 할 것입니다.

❀❀❀ 놀이마당 59 은어잡기 놀이

가을에 메뚜기를 잡고 동생과 함께 집으로 돌아오는 길에 말기에서 발을 씻고 있었습니다.

농사일을 마치고 들에서 오시던 마을 아저씨께서 가만히 물속을 지켜보시더니 커다란 버드나무 가지를 꺾어 물을 향해 내려치시는 것이었습니다. 나뭇가지로 내려치자 물이 튀면서 모래 위에 새끼은어가 반짝이며 팔딱팔딱 뛰고 있었습니다. 아저씨께서는 은어에 묻은 모래를 씻어 초고추장도 없이 통째로 잡수셨습니다.

그 광경이 하도 신기해서 잊지 않고 기억하고 있다가 그 이듬해에 우리도 같은 방법으로 나뭇가지를 꺾어 은어를 향해 내리쳤습니다.

우리는 힘들이지 않고 재미로 했기 때문에 물론 한 마리도 잡지는 못했지만 은어잡기 놀이는 중학교 가기 전까지 서너 해 동안 계속되었습니다.

매년 한 마리도 잡지 못했지만 나뭇가지로 물을 내려치면 물이 사방으로 튀어 옷이 젖어도 재미있기에 새끼은어가 모두 도망간 얕은 물가에서 나뭇가지로 몇 번 더 내려치며 웃곤 했습니다.

다른 친구들은 미꾸라지나 가시고기를 잡아 고무신에 담아서 놀았지만 나뭇가지를 내려쳐 은어를 잡는 은어잡기 놀이는 아마도 모를 것입니다.

우리들은 '무궁화 꽃이 피었습니다' 놀이라고 부르기도 했습니다.

한 사람이 술래가 되어 눈을 감은 채 "무궁화 꽃이 피었습니다."를 빨리 외치고 뒤를 돌아봅니다. 술래가 뒤를 돌아봤을 때 움직이는 사람이 있으면 그 사람이 술래와 손을 잡고 연결된 채 서 있어야 됩니다. 쉽게 표현하자면 볼모로 잡혀 있게 되는 것입니다.

술래에게 들키지 않으려면 술래가 "무궁화 꽃이……."를 외치는 순간에 재빨리 술래 쪽으로 최대한 많이 걸어가야 합니다.

"무궁화 꽃이……."를 외치는 동안에 빨리 가서 볼모로 잡혀 있는 아이의 손바닥을 치면 구하게 되는 것이고 볼모와 함께 빨리 멀리 달아나야 합니다. 술래가 달려와서 누구를 잡거나 살짝 치기라도 하면 잡힌 사람이 다시 술래가 되는 놀이입니다.

술래가 도망가는 아이들을 잡지 못하면 다시 술래가 되기는 하나 일부러 져주면서 술래를 돌아가면서 했습니다.

같은 방법으로 계속 반복되는 놀이이지만 술래가 매번 바뀌기 때문에 지루하지 않아 우리들이 매우 좋아하는 놀이였습니다.

이 놀이는 달리기를 잘하는 사람이 유리한 놀이이며 매우 긴장감과 박진감이 넘치는 활동량이 많은 놀이입니다.

이 놀이를 자주 하면 달리기 연습이나 집중력과 순발력이 향상될 것이라고 생각합니다.

♣ ♣ ♣ 놀이마당 61 놀이주머니 놀이

놀이주머니 놀이는 그 당시 '오재미 놀이'라고 했는데 일본식 표기라 놀이주머니 놀이라고 부를 것입니다. 이 놀이주머니는 구멍 난 양말목을 사용해서 만들면 쉽게 만들 수 있었습니다.

양말목 부분을 가위로 잘라서 한쪽 모서리를 실로 꿰맨 후 그 안에 모래나 콩을 넣고 입구를 꿰매면 놀이주머니가 됩니다.

때로는 예쁜 천으로 놀이주머니를 만들면 더욱 기분 좋게 놀이를 했으며 주머니는 모래가 나오지 않도록 감침질이나 박음질을 하면 좋습니다.

이중, 삼중으로 박음질을 해 뒤집은 후 모래를 넣어 주머니를 만들었으므로 재미있는 놀이하기 위해서 바느질도 빨리 배운 셈입니다.

이 놀이주머니 던지기 놀이는 가을 운동회 무렵부터 우리들 사이에서 유행하는 놀이였습니다. 가을 운동회가 다가오면 1학년 단체 경기 '점심 맛있게 드세요'의 바구니 터트리기 경기 종목에 쓰일 모래주머니나 콩 주머니를 전교생에게 한두 개씩 만들어 오라고 했습니다.

물론 모래주머니 세 개를 만들어 두 개만 제출하고 한 개는 우리가 갖고 놀이를 했기 때문에 방과 후 운동장 곳곳에는 마치 체육시간처럼 놀이주머니 놀이가 한창이었습니다.

운동장 바닥에 네모를 그려놓고 두 편으로 갈라서 한편은 네모 안에 들어가고 한편은 네모 밖에서 놀이주머니로 공격하는 놀이입니다.

네모 밖에서 놀이주머니를 던져 네모 안에 있는 사람을 맞히면 맞은 사람이 죽게 됩니다. 만일 안에서 놀이주머니를 받으면 죽은 사람을 살릴 수도 있습니다.

네모 안에 있는 사람이 모두 죽을 때까지 모래주머니를 던져야 하므로 모래주머니를 빼앗기지 않도록 같은 편끼리 서로 협동해서 재빨리 주고받으면서 상대편을 맞혀서 네모 밖으로 내보내야 했습니다. 공격하는 팀은 네모 안의 상대편이 모래주머니를 받지 못하도록 주로 무릎 아래를 겨냥해 모래주머니를 던져서 신발에 맞히는 것이 유리했습니다.

모래주머니를 피해서 뛰어다니면서 손으로 모래주머니를 받아야 하는 놀이주머니 놀이는 지금의 피구놀이와 비슷하며, 운동량이 충분하고 순발력 판단력 등을 기를 수 있는 아이들의 놀이로 권장할 만한 놀이요소를 갖고 있습니다.

놀이주머니 속에는 콩이나 모래 대신 쉽게 구할 수 있는 굵은 소금이나 그 밖의 맞으면 아프지 않을 구하기 쉬운 대체물을 넣어서 만들어서 놀아도 좋습니다.

❦ ❦ ❦ 놀이마당 62 훌라후프 놀이

훌라후프는 운동회 단체 종목에서 경기를 하거나 매스 게임 등에 사용했으므로 흔히 볼 수 있는 놀이도구였습니다.

우리들은 이 훌라후프를 허리에 걸고 돌리다 시들해지면 후프로 줄넘기를 했습니다. 운동장에서 하늘에 높이 던져 떨어지는 동그란 원 속으로 들어가는 놀이도 했으며 후프를 바닥에 굴려 되돌아오는 것을 뛰어넘으면서 놀기도 했습니다.

이렇게 후프를 던지며 건너뛰면서 놀았던 경험은 교사가 되어 리듬체조부를 지도해야만 했던 시기가 있었는데 후프에 대한 불안감이나 무서움 없이 오히려 친근감이 느껴졌으며 어릴 적 놀이 경험을 살려 비교적 쉽게 후프 연기를 지도할 수 있었습니다.

어떤 놀이를 하던 그 놀이 경험은 수십 년 동안 살아가면서 어떤 경우나 상황에서 요긴하게 쓰여진다는 것을 제 삶의 경험 곳곳에서 확인하며 인식할 수 있었습니다.

경험 놀이마당

여러 사람 중에 술래 한 사람이 나무 기둥이나 벽을 잡고 눈을 감은 채 미리 정해둔 숫자를 세고 난 뒤 숨어 있는 사람들을 찾는 놀이입니다.

술래가 모두 찾을 때도 있고 한 사람만 찾아내면 그 한 사람이 술래가 되어 다시 숨바꼭질 놀이가 진행되기도 합니다. 숨바꼭질 하기 전에 미리 놀이 규칙을 정해서 놀면 좋습니다.

술래가 살금살금 다가와서 찾아내면 숨어 있던 사람이 깜짝 놀라기도 하고 "꼭꼭 숨어라, 머리카락 보일라." 하면서 다가오면 더욱 고개를 숙여 머리를 다리 사이에 넣고 몸을 작게 만들어 숨었습니다.

술래가 열까지 세고 사람을 찾으면 숨을 시간이 충분하지 못하므로 보통 스물까지 숫자를 세고 술래가 숨어 있는 사람을 찾아다니며 놀았습니다.

어쩌다 열까지 세고 사람을 찾게 되면 마음이 조급해져서 빨리 달리다가 넘어지기도 하고 숨어 있던 곳의 문짝이 떨어지는 등 사고의 위험도 간혹 있었습니다.

우리 집 앞마당은 꽃밭이나 뒤뜰의 키 큰 돼지감자를 심은 무성한 숲과 사철나무로 된 담과 커다란 나무절구 및 헛간 실외 화장실 향나무 감나무 돌무더기 등이 있어 비교적 숨을 곳이 많아 더욱 재미있었습니다.

어쩌다 집안에서 동생과 둘이 숨바꼭질을 할 때는 벽에 걸어둔 두루마기 혹은 엄마 코트 속이나 커튼 속과 엄마 장롱, 붙박이장, 캐비닛, 비키니 옷장 안 이불 속까지 숨었던 기억이 있습니다.

숨바꼭질은 밖에서 할 경우 눈이 온 뒤나 비 오는 날만 빼고 사계절 모두 즐길 수 있는 참 재미있는 놀이였습니다.

이렇게 어릴 적 놀이의 추억을 꺼내다 보니 얌전한 줄만 알았던 제가 엄청 드세고 활동적이었음을 새삼 알게 되었습니다.

❦❦❦ 놀이마당 64 종이접기 놀이

색종이는 아까워서 종이접기 놀이를 못 하고 신문지, 잡지, 달력, 과자봉지, 껌 종이, 담뱃갑 속의 은박지 등으로 종이접기 놀이를 했습니다.

주로 비행기를 접어서 뛰어다니면서 날리고 놀았습니다. 비닐로는 배를 접어 큰 대야에 물을 받아 띄우고 놀기도 했습니다. 배가 잘 뜨면 깃대도 만들어 세우고 풀잎이나 꽃으로 장식해서 놀았지만 무거워서 물에 곧 가라앉는 경우가 많았습니다.

신문지로는 모자를 접어 써서 해를 가렸고 소꿉놀이 장바구니랑 돈 가방이나 지갑을 접어 놀았습니다.

달력은 질기고 튼튼해서 소꿉놀이할 때 물건을 담는 그릇을 주로 접었으며 활용도가 매우 좋았습니다.

껌 종이로는 종이학이나 학 알을 접었습니다. 담뱃갑에 들어 있는 속 종이는 은박지였는데 냄새가 나긴 했지만, 학을 접어 세워 두면 은빛이 햇살에 반사되어 빛나고 은박지 종이가 두꺼워서 껌 종이 속 은박지로 접은 것보다 훨씬 크고 힘이 있어 보여 기분이 좋았습니다.

오빠가 일본 출장을 가서 예쁜 종이로 접은 인형과 종이접기용 색종이를 사다 준 적이 있는데 책상 위에 장식해 두고 아끼던 것을 누군가 가져가 버려 속상했던 적도 있었습니다. 당시 국산품 애용 장려운동을 학교에서 하던 때라 마음 한편으론 부담을 덜어 가벼워졌습니다. 그러나 일본 학용품의 품질이 너무 좋아 우리나라는 왜 이렇게 만들어 내지 못하는지 답답했던 마음도 있었음을 고백합니다.

종이접기 놀이만 해도 종이를 구하는 시간이 필요하고 무엇을 만들까 궁리를 하고 누가 갖고 갔을까 추리하고 색종이의 색감과 질을 비교하면서 비판적 사고를 하는 등 이렇게 아이들의 놀이는 끊어진 듯해 보이나 잠시 또는 하룻밤 정도 쉬는 것일 뿐 머릿속의 놀이는 연결되어 있다는 것을 제가 매일매일 잘 놀아봤기에 알 수 있는 것입니다.

❦ ❦ ❦ 놀이마당 65 대문 놀이

"문지기 문지기 문 열어라, 열쇠 없어 못 열겠네. 어떤 대문에 들어갈까, 동대문을 열어라." 1990년대 어린이들은 초등학교 1학년 '즐거운 생활' 교과서에 나오는 이 노래를 부르면서 대문 놀이를 했습니다,

저는 처음 듣는 곡이었기에 이 노래를 가르치기 위해 테이프를 반복해서 듣고 피아노를 연습했던 기억이 납니다.

1970년대의 우리들은 "동 동 동대문을 열어라. 남 남 남대문을 열어라. 열두 시가 되면은 문을 닫는다." 이런 노래를 부르면서 대문 놀이를 했었습니다. 대문 이름을 동 서 남 북 바꾸어 합창을 하면서 동네 아이들이 줄줄이 서서 어깨에 손을 얹고 대문을 통과했습니다. 대문이 낮으면 키 큰 아이들이 모두 줄줄이 무릎을 굽히면서 대문을 통과해야 했기에 매우 불편했습니다.

제일 먼저 대문이 되는 술래 두 명은 가위바위보를 해서 결정을 했으며 그다음은 대문 노래를 부르면서 통과하다가 노래가 끝남과 동시에 대문을 닫을 때 대문, 즉 두 사람의 술래 팔 사이에 걸리는 사람이 술래가 됩니다.

두 명의 술래를 뽑아야 하기 때문에 두 번째 술래를 뽑기 위해 같은 방법으로 노래를 부를 때면 더욱 아이들이 긴장을 했던 것으로 기억됩니다. 술래에 걸리지 않기 위해서 빨리 뛰거나 노래

를 빨리 부르면서 대문을 통과하느라 "문을 닫는다."에서는 팔로 줄줄이 연결되었던 줄이 끊어지기도 하고 넘어지는 상황까지 발생하기도 하는 참 재미있는 놀이였습니다.

간혹 이렇게 규칙을 어기는 경우를 방지하기 위해 우리는 더욱 큰소리로 정확한 박자에 맞추어 대문 노래를 불렀습니다. 학교에서 배운 것도 아니고 언니 오빠들에게 배운 것도 아닌데 우리들은 이렇게 스스로 대문 놀이를 만들어 하면서 서로 박자 감각을 익히고 목청을 틔우기도 하면서 발을 맞추어 조화롭게 협동을 하면서 나이에 상관없이 누구나 함께 재미있게 놀았습니다.

그 시절에 왕따라는 말은 들어보지도 못했으며 동생들까지 모두 잘 데리고 놀았습니다. 요즘 놀이터에서 노는 모습을 지켜보아도 대문 놀이처럼 모두 함께 어울려 노는 모습을 찾아볼 수 없어 참으로 안타깝습니다.

출생률이 급감하는 저출산 시대인 요즘일수록 다 함께 어울려 즐겁게 놀 수 있는 놀이의 발굴이나 개발이 필요하다고 생각합니다.

코로나 19시대의 혼자 즐기는 놀이가 이어져 포스트 코로나 시대에도 혼자 즐기는 놀이문화가 굳혀질까 봐 걱정이 앞섭니다.

우리 어른들은 어린이들이 함께 어울려 놀 수 있는 놀이문화를 경험하고 만들 수 있게 제공해 줄 수 있도록 적극 노력해야 할 것입니다.

등교하지 않고 화상 수업이 가능한 시대인 만큼 이대로 가다가는 어쩌면 시간표에 놀이시간을 넣어 함께 어울려 놀 수 있는 시간을 만들어 제공해야 하는 날이 올지도 모를 일입니다.

그래서 대문 놀이를 고학년들도 재미있게 놀 수 있도록 만들어 보았습니다. 대문 놀이를 통해 서울의 4대 문인 동대문과 남대문 돈의문과 숙정문을 알고 가사를 개사해 노래 부르며 즐겁게 대문 놀이를 합니다.

옛날에는 숙정문을 닫으라고 했지만 남녀 평등의 의미로 '열어라'로 가사를 바꾸었습니다.

동대문은 보물 제1호 흥인지문이라고도 불리며, 서쪽의 돈의문, 남쪽은 국보 제1호 숭례문, 북쪽은 숙정문이라고 부릅니다. 동서남북의 문은 차례대로 인의예지라는 시대의 정신과 의미가 담겨 있다고 합니다.

1, 2절을 부르면서 대문 놀이를 통해 인의예지 의미를 자연스럽게 느끼면서 놀이를 통해 역사의식을 배웁니다.

어릴 적 대문 놀이 노래는 "동동 동대문을 열어라, 남남 남대문을 열어라. 12시가 되면은 문을 닫는다."였습니다.

가사를 바꾸어서 1절은 "동동 흥인지문 열어라, 남남 숭례문을 열어라. 보물 1호 흥인지문 국보 1호 숭례문. 12시가 되면은 문을 닫는다." 2절은 "서서 돈의문을 열어라, 북북 숙정문을 열어라. 동서남북 인의예지 우리 모두 인의예지. 12시가 되면은 문을 닫

경험 놀이마당

는다."

이렇게 한 소절을 늘려서 부르면서 재미있게 어울려 뛰어놀다 보면 자신도 모르게 뛰는 시간도 길어져 좀 더 활동적인 놀이가 되어, 놀면서 체력을 증진시킬 수 있는 놀이가 될 것입니다.

❣❣❣ 놀이마당 66 고드름 놀이

올겨울은 유난히 추워 뉴스에서는 119 구조대가 큰 건물 벽의 고드름을 제거하는 모습이 나오고 우리 아파트 베란다 난간에도 작은 고드름이 열렸습니다.

1960~1970년대만 해도 볏짚으로 엮어 만든 이엉을 얹은 초가 집이 있었고, 볏짚이 늘어진 초가집 처마 밑에 고드름이 열리면 얼음이 귀하던 시대라 고드름을 따서 먹기도 했습니다.

모르긴 해도 볏짚 성분이 들어갔기 때문인지 기와집 고드름보 다 초가집 고드름이 더 맛있었던 것 같습니다.

아침 일찍 일어나 햇빛에 반짝이는 고드름을 보면 추위도 잊은 채 저절로 밖으로 나오게 됩니다.

크리스탈 공예작품보다 더 아름다운 얼음 조각이 햇빛이라는 천연 조명을 받으며 처마 밑에 매달려 있었습니다.

처마 밑에서 길고 짧은, 가늘고 두꺼운, 매끄럽고 울퉁불퉁한,

떨어져 있고 뭉쳐 있는, 하지만 모두 뾰족뾰족한 모양의 나이테를 두른 것처럼 보이는 고드름이 일렬로 늘어서 열병식을 하고 있었습니다.

태양이 높이 올라와 햇살이 더욱 눈부시게 비추면 수정같이 맑은 고드름 끝에 물방울 다이아몬드가 하나둘 맺히기 시작합니다.
잠시 후 똑 또독 똑 똑 리듬감 있는 작고 경쾌한 물방울 떨어지는 소리가 들렸습니다. 처마 밑 낙숫물 떨어지는 곳에 깔아둔 작은 돌에 부딪혀 나는 소리였습니다. 처마 밑바닥에 떨어진 물이 고이기 시작하면 그 소리는 더 빨라지고 더욱 청량감 있게 커져 마루에 앉아서도 들렸습니다.

처마 밑 고드름이 녹아서 떨어지는 물방울이 제법 크기 때문에 머리에 맞으면 아침 찬 공기에 얼음이 녹은 물이라 매우 차갑고 섬뜩했습니다.
마당에서 고드름의 장관에 감탄을 하며 왔다 갔다 하다가 떨어지는 물소리에 맞춰 발을 구르기 시작했습니다.
언제 소리가 날지 모르기 때문에 청각을 곤두세우고 있다가 소리가 남과 동시에 발을 굴렀으므로 한발을 거의 들고 있다 발을 뻗어 땅을 딛었습니다. 낙수 떨어지는 소리에 발을 구르다 보면 마당에서 점점 빠른 스텝이 펼쳐지게 되고 낙수 소리에 맞춰 저는 발로 리듬 놀이를 하고 있었습니다.

경험 놀이마당

이렇게 고드름 녹는 소리에 맞춰 리듬 놀이를 하다 시들해지면 벽돌을 쌓아 만든 섬돌을 통과해야 마루로 들어올 수 있었는데 처마 밑에 고드름이 줄줄이 매달려 녹고 있으니 이때는 어김없이 낙수가 머리에 떨어질 수밖에 없었습니다.

그래도 재빨리 낙수를 피해 섬돌로 뛰어들어 보지만 머리에 맞은 굵은 물방울이 또르르 굴러 퍼져 이마에 흘러내렸습니다.

어차피 머리를 감아야 하니 오기가 발동해 이번에는 마당에서 벽돌을 쌓아 시멘트를 바른 기다란 섬돌로 뛰어오르고 내리면서 낙수를 피하는 놀이를 만들어 놀기 시작했으며 이 놀이 결과는 늘 뻔했습니다.

마당에서 섬돌로 다시 섬돌에서 마당으로 처음엔 한발로 오르내리다가 조금 빨리 낙수를 피해 보려고 두 발로 동시에 뛰어 오르내리지만 헛수고가 되어버립니다. 그래도 멈추지 않았고 이 놀이는 도전이 되었습니다.

가만히 고드름을 지켜보고 있다가 물방울이 떨어지자마자 뛰어올라 보지만 뛰는 순간의 움직임에 의해 빠른 공기의 흐름이 있어서 인지는 모르겠으나 머리나 어깨가 젖었습니다.

머리를 감기 전에 수건으로 닦아야 할 정도로 머리에 물이 흥건해질 때까지 뜀뛰기 놀이는 계속되었고 과장해서 표현하자면 숨이 턱까지 차올랐지만 참 재미있었습니다.

또 어떤 해는 한겨울 아침 처마 밑에 매달린 고드름을 따서 동생이나 사촌들과 칼싸움 놀이를 했습니다.

얼핏 생각하면 위험한 놀이인 것 같지만 어디까지나 놀이이기 때문에 사람 몸에 고드름을 대지는 않으니 털장갑이 젖어 손이 시린 것 말고는 문제 될 일이 없었습니다. 그리고 털 점퍼가 두껍기 때문에 고드름 조각이 깨져 튀더라도 똑 부러졌기 때문에 생각보다 안전한 놀이의 추억을 간직하고 있습니다.

가장 굵고 긴 튼튼한 고드름을 골라 따서 멋지게 휘둘러도 보고 솔밭에서 촬영하던 드라마 〈상노〉에 나오는 주인공들처럼 맞붙어 칼싸움 연기 흉내를 내기도 했습니다. 최대한 멋지게 폼을 잡고 고드름 칼을 부딪치면 얼음과 얼음이 만나 쨍그랑 깨져 떨어지는 소리도 남다른 매력이 넘쳐나는 소리였습니다.

처마 끝의 칼집에 수정고드름 칼이 줄줄이 꽂혀 있었기에 서로 부딪히면 부러지고 깨지더라도 걱정이 없었습니다.

고드름이 모두 없어질 때까지 칼싸움 놀이는 계속되었으며, 나중에는 아이들이 한 명 두 명 모이기 시작해 옆집 뒷집의 고드름도 남아나지 않을 정도로 재미있는 집단 놀이로 바뀌어 마당은 얼음 난장판이 되어버렸습니다.

눈이 많이 온 다음 날은 산에서 불어오는 바람도 눈바람이라 평소보다 추웠습니다. 낮에 눈이 녹으면서 흘러내리던 낙수가 밤 사이 기온이 내려가면서 켜켜이 얼어붙어 때로는 멋진 고드름 작품을 만들었습니다.

대부분의 고드름은 떨어져 녹아 없어지는데 어떤 해의 고드름은 유난히 굵고 길며 재미있는 형상을 만들어 내기도 했습니다.

고드름이 녹아내려 바닥에서 다시 얼은 모습도 자세히 관찰해 보았던 적이 있었는데 가운데 구멍은 파이고 주변은 개미집 주변처럼 보글보글 얼음이 올라와 있었고, 굴뚝 쪽의 처마에는 높이 쌓아놓은 돌무더기와 얼음이 서로 연결되어 있었던 처음 보는 현상 등은 나중에 지리 수업에서 많은 도움이 됐습니다.

덕분에 여고 지리시간에 배웠던 석회암 동굴의 종유석, 석순, 석주와 카르스트 지형의 돌리네 우발레 폴리에를 선생님께서 칠판에 분필로 간단히 그리신 그림만으로도 쉽게 이해하며 배울 수 있었고 38년이 지난 지금까지도 기억하고 있습니다.

고드름이 녹아 땅과 연결되어 다시 얼은 모습이 지리시간의 선생님 설명과 비슷했기 때문에 쉽게 이해할 수 있었으며 나중에 컬러사진으로 보거나 여행을 가서 눈으로 직접 확인했던 석회암 지형의 모습도 상상했던 모습과 비슷했습니다.

어린 시절 고드름 놀이처럼 놀면서 리듬감이 좋아졌고 자연에서 놀면서 운동신경이 발달했으며 어린 시절의 생활 자체가 놀이였고 공부였다는 것을 그때는 몰랐었지만 지금은 알 수 있습니다.

이처럼 자연 속에서 놀면서 자연을 자세히 살피고 관찰해 자연을 이해하고 자연에 대해 잘 아는 것만큼 좋은 공부는 별로 없다고 생각합니다. 자연의 이치가 곧 삶의 이치와 비슷하다는 것을 저도 이제 어렴풋이 조금씩 알아가고 있는 중입니다.

❧ ❧ ❧ 놀이마당 67 손뜨개 놀이

요즘은 지구 온난화로 인하여 날씨 예고에서 삼한 사온이라는 말이 사라진지 오래된 것 같습니다.

1970년대는 지금보다 더 추웠으며 내복을 입는 것이 당연했고 털실로 목도리나 스웨터 등을 손수 떠서 입는 경우가 많았습니다. 그러니 당연히 털실을 연날리기 끈으로 사용하는 친구들도 있었지만 손뜨개 놀이도 많이 했습니다.

털실을 1미터 정도 잘라서 끝을 묶으면 원이 됩니다. 이 묶은 털실을 양손 네 손가락에 걸고 양쪽으로 벌리면 팽팽해집니다. 먼저 손목을 돌려 오른손으로 한번 감고 같은 방법으로 왼손을 감습니다.

그다음은 오른손 중지 손가락으로 왼손바닥의 털실을 걸고 같은 방법으로 왼손 중지 손가락으로도 털실을 걸면 됩니다. 이렇게 기본 손뜨개가 완성되면 상대편이 창의적으로 연구를 해서 털실을 모두 떠가는 놀이입니다.

털실을 옮겨갈 때 털실이 엉기거나 풀리면 안 되고 다른 모양의 손뜨개가 되어 있어야 합니다. 같은 모양 그대로 털실을 떠가면 하급 수준이 되므로 상대편이 털실을 떠가는 것을 어려워서 포기하도록 난해한 모양으로 털실을 떠가면 좋습니다.

주거니 받거니 하다 보면 처음에 앉아서 하던 손뜨개 놀이를

경험 놀이마당

서서하게 되는 경우도 있었습니다.

젓가락 모양도 만들고 가시철망 모양도 만들면서 털실 뜨개 놀이로 겨울의 긴긴밤도 웃음꽃을 피웠습니다. 기숙사에서 아들이 돌아오면 생각난 김에 손뜨개 놀이를 한번 해봐야겠습니다.

❣❣❣ 놀이마당 68 눈사람 만들기

어릴 적 강원도 양양에 눈이 왔다 하면 발목이 빠지는 것은 기본이고 무릎이나 허리 이상까지 오는 경우가 많았습니다.

산과 들에서 그렇게 뛰어놀던 아이가 겨울이 왔다고 집안에만 갇혀 살지는 않았습니다. 자연히 밖으로 뛰어나가 눈을 꽁꽁 뭉쳐 굴리기 시작했습니다. 동해안의 눈은 수분기가 많은 눈이라 눈을 굴리면 잘 붙어 쉽게 눈사람을 만들 수가 있었습니다.

저는 눈덩이를 크게 굴려 몸통을 만들고 동생은 조금 작은 눈덩어리를 만들어 합체를 하면 얼굴이 되었으며, 감나무 가지를 주워 눈, 코, 입을 만들고 헛간의 밀짚모자를 갖다 씌우고 엄마 목도리도 걸쳐 주고 긴 나뭇가지로 팔을 만들어 꽂고 내 장갑을 벗어 끼워주면 그럴듯한 눈사람이 탄생했습니다.

우리 집에 마실 오신 아주머니들께서 집으로 돌아가실 때 눈사람을 보시고 한마디씩 말씀해 주시는 칭찬이 참 듣기 좋았습니다.

이렇게 눈을 굴리면서 놀아봤기에 눈의 수분기 함양에 따라 눈의 입자 모양이 다르다는 것을 알게 되었습니다. 제가 알고 있는 동해안에서 내리는 눈은 싸리 눈을 포함해 세 가지를 알고 있습니다.

눈사람을 만들어 놀다 보면 내리던 눈이 그치고 쌓인 눈을 삽으로 퍼서 눈길을 만들기 시작했습니다. 마당은 비교적 넓게 눈을 치워 높이 쌓았으며 쌓인 눈을 삽으로 다지면서 눈을 더욱 높이 올려 쌓은 뒤 백과사전에서 보았던 이글루를 짓기 시작했습니다.

심혈을 기울여 만들어 보지만 동생이랑 둘이 들어갈 수 있을 정도의 굴을 파는 정도에 그치며 금방 녹아버렸습니다. 그뿐만 아니라 해양지방의 눈이라 수분기가 많은 눈으로 무거워 굴이 무너질까 봐 겁나서 눈으로 만든 굴속에서 오랫동안 놀지는 못했습니다.

마침 눈이 오는 날 강릉에 사시는 작은아버지나 서울에서 학교 다니는 띠동갑 오빠가 오실 경우 대형 눈사람과 삽으로 척척 눈을 내리치며 다져서 커다랗고 단단한 하얀 눈 굴을 만들 수 있었는데 그때는 빨리 녹지 않고 제법 오래갔던 추억이 있습니다.

한편 눈이 많이 올 경우 솔밭의 아름드리 소나무 가지들이 눈 무게를 견디지 못하고 쩍쩍 찢어져 떨어집니다, 나무가 부러지는 개념과 달리 소나무 겉껍질이 벗겨지면서 떨어지기 때문에 이를

경험 놀이마당

바라보는 마음이 매우 좋지 않았습니다.

하지만 동생과 저는 눈이 푹푹 빠지는 솔밭에 가서 눈이 엉겨 붙어 있는 커다란 소나무 가지를 끌고 집으로 돌아왔습니다.

눈에 젖은 생 솔가지라도 송진이 있기 때문에 처음 불만 잘 붙으면 잘 타고 화력이 좋아 엄마를 기쁘게 해드리려고 바지 끝을 접어 양말 속에 넣어 눈이 들어오지 못하도록 중무장을 하고 솔밭으로 나섰던 것입니다.

낙산해수욕장 솔밭은 마을과 군에서 관리 보호하기 때문에 먼 산에서 나무를 해와야 하고 우리 집은 연탄불 아궁이라서 큰 가마솥에 물을 끓여야 뜨거운 물로 목욕을 할 수 있었습니다.

눈이 많이 내려 푹푹 쌓이면 마을 아주머니들께서 우리 집으로 마실 오실 염려가 없으므로 마음 놓고 부엌에서 욕조보다 큰 커다란 플라스틱 목욕 대야에 따끈따끈한 물을 가득 담아 한참 동안 물놀이를 할 수 있는 즐거운 시간이 기다리고 있었습니다.

그러니 신이 나서 달려나가 나뭇가지를 주워왔던 것입니다.

물론 돌아오는 길은 커다란 소나무 가지가 눈썰매가 되어 썰매 타기 놀이를 했습니다. 동생을 커다란 소나무 가지에 태우고 달리면 매우 힘이 들긴 하나 소나무 가지 자체가 쿨렁쿨렁 흔들리면 동생이 너무 재미있어하기 때문에 힘껏 소나무 가지 썰매를 끌었습니다.

눈 쌓인 표면이 약간 얼어 굳어 있는 곳은 썰매가 매끄럽게 잘

끌리기 때문에 갈지자로 왔다 갔다 찾아다니면서 눈에 무릎까지 푹푹 빠지는 새하얀 솔밭을 헤집고 다녔습니다.

동생이 저를 소나무 가지에 태우고 끌어보지만 역부족이었으므로 제가 너무 힘들어 잠시 쉬고 싶을 때만 동생에게 소나무 썰매를 맡겼습니다.

그러다가 조금 쉬었다 가는 길에 집으로 끌고 오던 커다란 소나무 가지 위에 올라타고 두 발로 균형을 잡으면서 나뭇가지를 흔들어 대면, 위아래로 흔들리면서 소나무 가지에 몸을 싣고 몇 번 왔다 갔다 하다가 탄성을 받아 곧 눈 속으로 떨어지게 됩니다.

운 좋으면 두 발로 안정된 착지를 하긴 하나 대부분 곧 흰 눈 위를 나뒹굴곤 했으며 눈이 워낙 많이 쌓여 있어 떨어져도 안전했습니다.

이렇게 눈 속에서 뒹굴고 눈사람을 만들며 놀았던 한 소녀는 성인이 되어 질적 연구에 관심을 갖게 되었습니다.

전국이 가마솥처럼 뜨겁던 재작년 여름, 젊은이들과 함께 양적 연구와 질적 연구에 대한 특강을 듣던 중 스노우볼 샘플링이라는 말이 유난히 친근감 있게 다가왔습니다.

어릴 적에 손을 호호 불어가며 눈덩이를 굴리며 놀던 추억이 되살아나서, 더운 줄도 모르고 교수님 강의가 귀에 쏙쏙 들어와 박혔으니 놀이의 경험은 이렇게 평생을 두고 따라다니면서 삶의 곳곳에서 윤활유 역할을 한다는 것을 실감나게 하는 시간이었습니다.

경험 놀이마당

기억을 더듬어 말씀드리자면 질적 연구에서 스노우볼 샘플링이라는 말이 있습니다. 말 그대로 작은 눈덩이를 굴려 큰 눈 덩어리로 만들어 가는 과정과 비슷한 눈덩이 샘플링 연구 방법입니다.

질적 연구와 현장 연구 등에서 연구대상자에 대한 접근이 용이하지 않거나 모집단의 성격에 대해서 전혀 파악하지 못하고 있을 때 최초의 연구대상자를 통해 다음 연구대상자들에 대한 정보를 획득하게 되고 이를 통해 다시 다음 연구대상자를 찾아내는 등 표본의 범위를 확대시켜 나가면서 자료를 수집하는 방법을 눈덩이 샘플링이라고 합니다.

이렇게 눈사람 만들기 놀이와 스노우볼 샘플링처럼 직접적인 놀이 경험과 관련된 기억은 이해력이 높아지고 선명하게 연상되어 오래오래 기억에 남습니다.

❄❄❄ 놀이마당 69 눈썰매 타기

1970년대 초에는 비료포대가 생활에 요긴하게 쓰였습니다. 보통 한 가족이 대여섯 명씩 대식구가 되다 보니 모두 우산을 쓸 수 없었으므로 빈 비료포대 직사각형 한쪽 긴 모서리를 칼로 잘라 고깔을 만들어 비 오는 날 우산 대신 머리에 쓰고 다니기도 했습니다.

요즘처럼 크고 질긴 비닐이 흔하지 않던 시대라 한겨울에는 비료포대를 눈썰매 타는 도구로 많이 활용했습니다.

비료포대는 적당히 빳빳하면서 질기고 크기도 아이들이 한두 명 올라타기에 적당한 두꺼운 비닐로 만들어졌으므로 눈썰매 타는 도구로 적당했으나 농사를 짓지 않는 우리 집에서는 귀한 편이었습니다.

감자를 비료포대에 담아 부엌 한구석에 놓아두고 거의 다 먹을 때쯤이면 눈이 펑펑 쏟아져 산과 들이 온통 하얀 눈으로 덮였습니다. 눈이 펑펑 쏟아지면 우리들도 덩달아 신이 나서 고삐 풀린 망아지가 되었습니다.

비료포대에 담긴 감자나 대파를 부엌 바닥에 쏟아놓고 대충 흙을 털어버린 후 겨드랑이에 끼고 말기 둑 쪽으로 달려갔습니다.

큰 돌덩이들을 높이 쌓아 만든 말기의 재해방지 둑을 우리들은 재방 둑이라고 불렀으며 흐르는 시냇물에 이불빨래를 해서 널면 여름 햇살에 달아올라 따끈따끈해진 돌에서 잘 말랐습니다.

그곳이 봄에는 공깃돌을 줍던 놀이터가 되었고 여름에는 아주머니와 여자아이들의 목욕탕이나 빨래터가 되었으며, 말기 둑길을 따라 대로변 쪽으로 조금 더 내려가면 아저씨들이나 오빠들이 풀숲을 뒤져서 가시고기나 미꾸라지를 많이 잡는 곳이기도 했습니다.

한겨울 눈이 쏟아지면 아이들의 눈썰매장으로 탈바꿈하는 사시사철 마을사람들에게 사랑받는 곳이었습니다.

너 나 할 것 없이 마을 아이들이 그곳으로 몰려들어 말기 둑에서 비스듬히 경사진 곳을 골라 비료포대를 깔고 앉아 내려가면서 폭신폭신한 눈을 엉덩이로 다지면서 눈길을 만들었습니다.

엉덩이로 눈을 다지면서 썰매 길을 만드느라 언덕을 몇 번 오르내리면 힘이 빠져 정작 눈썰매를 몇 번 타지 못했어도 마냥 신이 났습니다.

이곳은 들풀이 자라 말라버린 억센 줄기나 쑥 대궁, 달맞이꽃 대궁, 큰 돌들이 울퉁불퉁해 있어 비료포대로 눈썰매를 타면 엉덩이가 아프기 때문에 눈이 많이 와 쌓일 때만 가능한 눈썰매장이었습니다.

그렇다고 눈이 많이 쌓일 때만 그렇게 재미있는 눈썰매를 탈 수는 없는 일이고 우리는 점퍼에 있는 모자를 떼어서 엉덩이에 깔거나 비료포대 안에 볏짚을 넣으면 엉덩이가 아프지 않은 눈썰매 타기 놀이도구로 활용하기 매우 편하다는 것도 놀면서 생각해 냈습니다.

그러나 볏짚은 부서져 하얀 눈썰매장이 금방 더럽혀졌으므로 목도리를 접어 넣어 대체하거나 플라스틱으로 만든 붉은 대야를 갖고 나와 썰매를 타는 등 재미있게 놀기 위한 우리들의 잔머리 굴리기는 끝이 없었습니다.

　눈썰매를 타다가 지치면 깔고 앉아도 엉덩이가 젖지 않는 의자 대용품이 되었으며 실컷 놀다가 집으로 돌아갈 땐 비료포대 한가득 마른 쑥 대궁이나 나뭇가지를 주워 질질 끌고 가도 구멍이 뚫리지 않아 매우 편리했습니다.
　이와 같이 비료포대는 비닐이 질겨서 여러모로 활용도가 높았으며 비료포대 한 장만으로도 행복한 놀이가 가능했던 그 시절이 무척이나 그립습니다.

　우리들의 눈썰매 타기 놀이처럼 놀이의 처음부터 끝까지 스스로 생각하고 놀이도구를 만들어서 놀이터를 엉덩이로 직접 다지는 모든 과정의 활동들이 소중한 경험이었다고 생각됩니다.
　이러한 스스로 판단하고 스스로 만들어서 자주 놀았던 놀이의 경험들이 지속적으로 쌓이고, 문제없이 잘 놀았던 좋은 기분들이 자신감을 갖게 했으며, 놀이의 사고과정을 통해 불편한 점들을 개선해 놀았던 경험들을 통해 생활 속의 문제해결력도 증진되었다는 것을 부정할 수 없을 것입니다.
　제가 잘 놀아 봤기 때문에 우리 아이들에게 맘껏 놀 수 있는 시간이 필요하다는 것을 잘 알고 있습니다.

경험 놀이마당

❄❄❄ 놀이마당 70 고무얼음 타기

눈이 오면서 날씨가 추워지면 얼음이 꽁꽁 두껍게 얼게 된답니다. 바닷가 나가는 길의 양어장은 얼음이 얼면 군인 아저씨들이 나와 빗자루로 얼음 위를 쓸면서 얼음을 관리하셨습니다.

이렇게 매일 관리하기 때문에 겨우 내내 지금의 스케이트장과 비교해도 손색이 없을 정도로 좋은 빙질의 자연 스케이트장이 되어 지역 사람들의 좋은 놀이터가 되었습니다.

처음엔 어린 우리들도 자주 가서 빙구를 타면서 놀았었지만 스케이트를 타는 사람들이 너무 많아지자 위험해서 우리 집 쪽에서 가까운 솔밭 안에 있는 조그만 웅덩이가 얼면 그곳을 자주 애용했습니다.

솔밭 안에 있는 습지는 그리 깊지 않은 넓은 웅덩이였습니다. 연못이라고 할 수도 없는 것은 여름철 비가 많이 내리면 말기에서 내려오는 물이 우리 집 옆의 도랑으로 흘러 그곳에서 모이고, 바닷물이나 갯가가 불어나면 그쪽에서도 물이 들어와 솔밭에 물이 가득 찼다 빠지면서 웅덩이에는 물이 많아지는 곳이었습니다.

그곳의 흙은 갯벌처럼 검은빛을 띠고 있었고 웅덩이 주변에는 여러 가지 수생식물들이 자라서 갖가지 꽃을 피우는 아름다운 곳이었습니다.

과거형으로 말씀드리는 이유는 몇 년도인지 기억이 확실하게 나지는 않지만 양양에서 속초로 가는 도로가 확장되어 우리 집 옆으로 흐르는 도랑이 없어지고, 갯가 주변에 콘도와 상가가 들어서면서 양어장 자리가 메워져 대형 주차장이 들어서면서부터 솔밭 한가운데 웅덩이도 메워지고 어린 소나무 묘목을 심었었으며, 지금은 커다란 아름드리 소나무로 자라 고무얼음을 타던 웅덩이는 흔적도 없이 사라진 추억의 장소가 되어버렸습니다.

이상하게도 다른 곳의 얼음은 매우 딱딱한데 솔밭 한 가운에 있는 그곳의 얼음만은 고무얼음처럼 무른 느낌이었습니다.

이 고무얼음은 우리가 얼음 위에 오르면 얼음의 일부가 흔들리며 출렁거리기 때문에 놀이도구 없이 무릎을 구르면서 얼음장이 일렁이는 묘미를 느끼거나, 뛰어가다 미끄러지는 운동화 썰매만 타도 스릴이 넘치는 얼음 타기를 할 수 있었기에 우리들이 고무얼음이라고 불렀습니다.

처음엔 얼음이 깨질까 봐 무서워 안으로 깊숙이 들어가지 못하고 웅덩이 주변에서만 살짝 들어갔다 빨리 나왔다 반복했었는데 해마다 그곳의 얼음이 쿨렁댄다는 것을 알게 된 후부터는 동네 아이들이 마음 놓고 들어가 얼음 놀이를 즐겼던 기억이 생생합니다.

처음에는 위험하면 빨리 뛰쳐나올 요량으로 맨몸으로 고무얼음을 즐겼었는데 나중에는 고무얼음 위에서 빙구까지 타고 즐겼습니다. 특히 저는 그곳에서 넘어지고 자빠지면서 스케이트를 혼자 배운 잊지 못할 추억의 장소이기도 합니다.

　하수시설이 미비했던 그 시절 마을 대로변 솔밭 근처에는 두 집이 살고 있었고 그중 한집은 막걸리 배달도 하면서 가게를 했으며 그 집에서 사용하는 생활용수는 이곳으로 흘러들어 왔습니다.
　일곱 살 때 동생과 우리 집 옆 도랑에서 발을 씻고 놀다가 동생이 아끼는 빨간 구두가 떠내려가는 것을 건지려고 한참 쫓아 내려갔을 때 도랑물이 솔밭 한가운데 웅덩이로 흘러 들어간다는 사실을 처음 알게 된 것입니다.

　지금 생각해 보니 혹시 소금기 있는 바닷물이나 마을의 생활용수가 흘러 들어가 얼음이 어는 빙질에 영향을 미친 것은 아닌지 아직까지도 고무얼음의 궁금증이 풀리지 않는 부분입니다.
　어찌되었든 간에 제가 집에서만 놀지 않고 자연 속에서 놀아보았기에 마을의 자잘한 역사나 마을 곳곳의 과거 지형에 대해서도 알 수 있었습니다.

　놀면서 배운 또 하나의 소중한 가르침은 자연을 개발할 때도 주먹구구식이 아닌 주변의 지질환경이나 생태조사를 확실히 한 후에 수년간 사계절을 모두 관찰하면서 서두르지 말고 천천히 진행해야 한다는 사실입니다.
　졸속 개발 덕분에 저는 중학교 때부터 하굣길에 홍수가 나서 물바다가 된 우리 집으로 들어가기 위해 두 팔을 뻗어 가방을 머리 위에 들고 흙탕물이 가슴까지 차오른 보이지도 않는 길을 발로 더듬으며 걸어야 하는 고충을 겪어야만 했었습니다.

개발 이전에는 홍수가 나면 아랫마을에서 우리 집으로 피난을 와서 물이 빠질 때까지 며칠씩 묵고 갔었기 때문에 졸속 개발이 확실했던 것입니다.

책가방을 머리 위에 들고 흙탕물 속을 걸으며 몇 번이나 다짐했던 생생한 기억들과 고무얼음 타기 놀이를 조합해 연상해 보면 책에서는 배울 수도 없는, 즉 세상을 좀 더 크고 넓게 보며 좀 더 멀리 내다보며 살아야 한다는 커다란 가르침을 얻게 됩니다.

환경보호든 자연개발이든 모두 좀 더 멀리 내다볼 수 있는 안목으로 진행했으면 좋겠다는 바람입니다.

홍수가 난 다음 날 양양초등학교로 출근하기 위해 정장에 하이힐을 신고 스티로폼에 올라타고 서서 창피해했던 저는, 허리까지 물에 잠긴 아버지께서 옷을 적시면서까지 환하게 웃으시며 밀어주시던 모습이 생각났습니다.

그렇게 빨리 가실 줄 알았더라면 애교라도 부리면서 감사함을 전했을 텐데 쑥스러워 그 자리를 빨리 모면하기 바빴던 그 날 아침이 후회되면서 아버지가 몹시 그립습니다.

경험 놀이마당

❦❦❦ 놀이마당 71 얼음 썰매 타기

나무판지 밑에 굵은 철사나 못 쓰는 스케이트 날을 못으로 고정시켜 잘 미끄러지게 만듭니다. 손으로 잡기 편하고 좋은 튼튼한 나무막대 두 개에 각각 못의 뾰족한 부분이 아래로 향하도록 박아 고정시킵니다.

겁이 없는 저였지만 안정성을 요구하는 특별한 기술과 손재주와 힘도 필요하므로 어른들의 도움 없이는 만들 엄두조차 내지 못했습니다.

우리들은 이 놀이 기구를 빙구라고 불렀는데 썰매를 뜻하는 사투리라고 합니다만 저는 한자어의 표현으로 생각됩니다.

완성된 놀이 기구의 나무판지 위에 올라서거나 앉아서 두 손으로 나무막대를 잡고 두 팔을 앞 사선으로 뻗어 얼음을 찍어 지치면서 앞으로 미끄러져 나가는 놀이입니다.

두 팔을 힘껏 제쳐 앞으로 나가려면 팔을 앞 사선으로 멀리 뻗어 못이 얼음을 찍어야 되므로 빙구와 몸 천체가 앞으로 쏠리지 않도록 적당히 힘을 분배할 줄도 알아야 합니다.

숨이 찰 때까지 힘껏 얼음을 제치며 달려나가 미끄러지다 나무판지를 이탈해 나뒹굴기도 하고, 빙구에 끈을 이어 서로 끌어주기도 하면서 놀았던 추억이 생각납니다.

뒤에서 친구가 어깨에 손을 올리고 밀어주며 함께 달리면 세상 그 어느 누구도 부럽지 않은 행복한 사람이 되곤 했습니다.

빙구가 없는 친구들이 많았기 때문에 김장용 고무 대야에 올라타고 서로 뒤에서 밀어주고 동시에 앞에서 끌어당기면서 달려도 재미있는 썰매 타기 놀이를 할 수 있었습니다.

그냥 한 사람은 앉아서 두 손을 앞으로 내밀고 한 사람은 두 팔을 뒤로 내밀어 손을 잡고 서서 끌어주어도 얼음 위에서는 신발 썰매만으로도 재미있는 썰매놀이가 되었습니다.

땀을 뻘뻘 흘리며 친구나 동생을 잡고 끌면서도 웃음소리가 끊이지 않았던 썰매 타기 놀이는 부모와 자녀가 함께 참여한다면 스킨십이 풍부한 정이 듬뿍 쌓이는 놀이가 될 것입니다.

근력과 지구력 발달에도 좋은 놀이라 어린이, 어른 할 것 없이 모두 함께 놀면 더욱 정감을 느낄 수 있는 좋은 놀이로 생각됩니다.

지금처럼 예쁜 바비 인형을 갖고 노는 놀이가 아닙니다. 1970
년대 제 책상 위에는 선물 받은 못난이 삼 형제 인형이 장식되어
있었습니다.

가을 운동회나 소풍날이면 주변에 장난감 상인들이 즐비하게
늘어서지만 구경만 할 뿐 한 번도 그것들을 사고 싶다는 생각을
한 적이 없다는 것이 지금 생각해도 신기할 정도입니다.

어쩌다 가게에서 파는 종이인형을 사긴 했어도 사서 하는 인형
놀이의 감흥은 별로였습니다.

두꺼운 흰색 도화지에 수영복 입은 예쁜 여자 인형을 직접 그
렸습니다. 눈은 동그랗고 크며 눈빛을 초롱초롱하게 빛이 나도록
그렸습니다. 때로는 비키니 수영복을 그려 넣기도 했으며 머리카
락은 긴 머리를 주로 많이 그렸습니다.

학교에서 쉬는 시간에 친구들이 인형을 그려달라고 하면 신이
나서 사람 신체를 늘씬하게 그리고 수영복에 온갖 디자인을 넣어
색연필로 색칠을 한 다음 가위로 오려서 주었습니다.

영희에게는 올린 머리 인형을 은주에게는 만화책 속에 나오는
공주처럼 긴 펌 머리 인형을 그려서 나누어 주었기 때문에 온갖
머리 스타일을 상상해서 연습장에 그려보기도 했습니다.

집에 돌아와서는 동생 종이인형과 내 종이인형에게 옷을 만들어 입혀야 했으므로 만화방에서 빌린 만화책에 나오는 만화가가 그린 드레스를 흉내 내 보기도 하고 디자이너가 되어 고민을 하면서 직접 그려서 색칠을 해 오려서 입히는 등 꼬마 숙녀의 긴긴 겨울은 매일 바쁘기만 했습니다.

유난히 종이인형 만들기를 좋아하고 종이인형 옷을 직접 그려서 입히기를 좋아했기에 디자이너가 될 줄 알았던 소녀는 전혀 다른 직업인 교사가 되어 있었고 결혼을 해 두 아들을 둔 엄마가 되어 패션에 무덤덤하게 살아오다가 어느 날 문득 깜짝 놀랐습니다.

종이인형에 그려 입혔던 어깨 봉긋한 드레스나 화려한 꽃 자수 레이스가 주렁주렁 달린 원피스, 사인펜이나 색연필로 색칠했던 알록달록 온갖 아름다운 무늬보다 더 화려하고 고운 색상의 옷들이 모두 제품으로 나와 마네킹에 걸려 있는 모습에 황홀한 나머지 그 앞을 떠나지 못하고 한참을 서성거렸습니다.

상상 속의 종이옷들이 현실의 아름다운 옷으로 나타나듯이 어린 시절 놀이 속의 상상 여행이 현실의 세계여행으로 즐길 수 있는 여유 있는 시간을 만들기 위해 오늘도 열심히 노력해야겠다는 생각을 해봅니다.

경험 놀이마당

❦❦❦ 놀이마당 73 뽕나무 비행기 놀이

기차놀이에 지치면 뽕나무에 올라타서 비행기 놀이를 했습니다. 기차놀이가 기차에 태우는 위주의 놀이라면 뽕나무 놀이는 내렸다가 다시 타는 발전된 놀이입니다.

우리 집 꽃밭과 옆집 텃밭 사이에 옆으로 뻗은 나지막한 뽕나무가 한 그루 있었습니다. 어느 날 우연이 혼자 올라타고 서서 흔들었는데 아래위로 흔들리는 쾌감이 그네타기보다 더 재미있기에 동생 친구들을 태우고 놀이를 만들어 놀았더니 모두 너무 재미있어했습니다.

이 나무는 누에 치는 시기엔 뽕잎을 따서 누에 먹이로 주었지만 누에가 넉 잠을 자고 5령에 고치를 틀고 나면 오디가 익어 우리들에게 맛있는 간식거리를 제공해 주는 고마운 뽕나무였습니다.
겨울이 되면 뽕잎이 모두 떨어져 앙상한 가지만 남게 되는데 이때는 우리들의 놀이 기구가 되어주었습니다. 말 그대로 아낌없이 주는 뽕나무였습니다.

감나무는 잘못 올라가면 가지가 찢어지지만 뽕나무는 단단하고 탄력성이 좋아 여러 명이 한꺼번에 올라가 흔들어 대도 끄떡없이 다음 해에 잎이 돋고 오디가 맺혔습니다.

모두 올라타고 뽕나무 가지를 잡고선 마구 흔들어 댑니다. 어떤 친구는 무섭다고 내리려 하지만 한번 흔들기 시작하면 비행기가 날아가는 중이라 멈추지 못합니다.

기장의 "일본에 도착했습니다. 내리시기 바랍니다."또는 손님이 미리 "캐나다에서 내리겠습니다."라는 멘트가 있어야만 내릴 수가 있었습니다.

가까운 나라는 뽕나무 가지를 조금 흔들고 먼 나라에 가려면 한참을 흔들었습니다. 이렇게 뽕나무 비행기는 세계 각국의 이름을 대면 마구 흔들리면서 세계로 멀리멀리 날아갔습니다.

뽕나무 비행기 놀이를 재미있게 만들기 위해선 세계대백과사전에 나오는 수많은 나라 이름을 외워야만 했습니다.

알고 있는 나라 이름을 모두 대고 나면 이번에는 각국의 수도 이름을 대면서 한 명씩 내리고 우리나라 도시 이름을 대면서 뽕나무 비행기에 올라타고 내리기를 반복해도 지루한 줄 모르고 놀이에 빠졌습니다.

물론 뽕나무 비행기 놀이 덕분에 덤으로 지도에 나오는 도시이름을 알게 되었고 상상으로나마 세계 여행을 무수히 다녀왔습니다.

우리들은 이렇게 놀면서 세계는 참 넓다는 것을 어렴풋이 알게 되었고 어린 시절 뽕나무 비행기에 자주 올랐던 동생은 성인이 되어 중국, 필리핀, 일본 등에서 취업을 하거나 사업을 하는 등

경험 놀이마당

국제적인 무대를 즐기면서 살고 있습니다.

 이렇게 저보다 삶을 즐기면서 좋은 추억을 많이 만들어 가는 동생이 자랑스럽고 대견합니다.

❀ ❀ ❀ 놀이마당 74 구슬치기

문방구에서 파는 유리구슬을 갖고 주로 구슬치기 놀이를 했습니다. 먼저 땅바닥에 나뭇가지나 신발로 일직선의 선을 긋고 상대편의 유리구슬을 일정 거리 떨어진 땅바닥에 놓아둡니다.

가위바위보를 해서 이긴 사람이 먼저 시도를 하는데 바닥의 선을 넘지 않은 상태에서 자신의 유리구슬을 굴리거나 던져서 바닥에 있는 상대편 유리구슬을 직접 맞추어서 따먹는 놀이입니다.

유리구슬을 던져 땅바닥에 있는 다른 구슬을 맞히면 유리구슬이 서로 부딪혀 튕겨져 나갈 때의 쾌감이 보기만 해도 참 좋았습니다.

또 다른 구슬치기 놀이는 바닥에 골프장 구멍보다 더 작은 구멍을 파놓고 일정하게 떨어진 거리에 선을 그어놓은 다음 제자리에 서서 선을 넘지 않고 유리구슬을 던지거나 굴려 구멍 안에 넣는 놀이였습니다.

어쩌다 쇠구슬을 갖고 노는 친구도 있었지만 대부분 유리구슬이었으며 유리구슬이 없으면 작은 돌을 주워서 구슬치기를 해도 무난한 놀이였습니다.

특히 남자아이들의 바지 주머니에 유리구슬이 두둑하게 들어있었던 것으로 보아 여자보다는 남자들이 좋아하는 놀이로 기억되며 한겨울 처마 밑에서 아저씨들이 구슬치기 놀이를 하는 것도 본 적이 있습니다.

경험 놀이마당

비사 놀이라고도 하며 비석처럼 납작하면서 길쭉하게 생긴 돌을 먼저 준비합니다. 나뭇가지로 1번 선을 긋고 일정한 간격으로 떨어진 곳에 2번 선인 평행선을 하나 더 긋습니다.

2번 선에 상대편의 비석처럼 생긴 작은 돌을 나란히 세워놓은 다음, 1번 선에 서서 작은 비석을 던지거나 날려서 2번 선에 있는 작은 비석을 맞추어 모두 쓰러뜨리면 이기는 놀이입니다.

또 다른 비석치기 놀이 방법은 2번 선에 상대편의 비석처럼 생긴 작은 돌을 나란히 세워놓은 다음, 1번 선에서 발등에 작은 비석을 올려놓고 조심조심 2번 선으로 걸어서 다가간 다음, 2번 선에 세워진 작은 비석을 발등에 얹은 비석을 떨어뜨려 모두 쓰러뜨리면 이기는 놀이입니다.

같은 방법으로 비석치기 상대 선수를 바꿔가며 놀이를 합니다. 비석을 발등에 얹을 때 운동화의 모양이나 신발의 소재에 따라 놀이 결과가 달라질 수 있으므로 승부욕이 강한 친구들은 신발을 벗고 맨발로 발가락까지 동원해 비석치기 놀이를 하는 적극성을 보이기도 했습니다.

비석을 떨어뜨리지 않고 걷거나 비석으로 치기를 할 때 정확성이 요구되므로 집중력이 좋아지는 놀이입니다.

마당에 단순한 오징어 모양을 칸칸이 그립니다.

출발선에서 머리 모양 칸에 납작한 작은 돌을 던져 넣습니다. 이때 돌이 머리 칸 밖으로 나가면 놀이 기회가 상실되고 상대편에게 오징어 놀이할 기회가 생깁니다.

돌을 오징어 머리 칸에 던지고 칸칸이 뜀뛰기를 해서 오징어 몸통까지 간 다음, 뒤로 뛰면서 돌아 고개를 숙이고 가랑이 사이로 손을 넣어 머리 모양 칸에 있는 돌을 주운 다음 같은 방법으로 뜀뛰어 출발선으로 돌아오면 놀이가 끝납니다.

상대편도 같은 방법으로 하면 되는데 만일 오징어 머리 모양 칸 뾰족한 끝에 돌이 떨어지면 뒤로 돌아 다리 사이로 손을 넣어 돌을 잡을 때 힘이 들거나 뒤로 넘어지거나 끝내는 잡지 못할 경우가 있으므로 될 수 있는 한 몸통 쪽으로 가까이 돌을 던져놓는 것이 오징어 놀이에 유리합니다.

또한 돌을 잡을 때 최대한 다리를 많이 벌리면 안정감 있게 멀리 있는 돌도 잡을 수 있는데 놀이를 하면서 스스로 터득하는 즐거움을 맛볼 수 있도록 처음부터 말해줄 필요는 없습니다.

❀ ❀ ❀ 놀이마당 77 파도 놀이

한겨울이 되면 가을에 처마 밑에 걸어 말려두었던 옥수수를 한 알 한 알 털어 장날에 가서 한 방 튀겨 왔습니다. 한 방이라 함은 옥수수 알 두 되 정도를 단 한 번에 튀겨 강냉이를 만드는 작업을 말합니다.

마른 옥수수를 커다란 무쇠 통 안에 넣고 가스 불로 달구면 고막이 먹먹할 정도로 뻥 소리가 크게 나면서 흰색의 강냉이 튀밥이 온 사방에 흩어집니다. 물론 커다란 그물망 안으로 강냉이가 들어가도록 해서 흩어지는 강냉이 알을 막긴 하지만 곁에 있는 사람들이 바닥에서 한 줌씩 집어 맛을 보는 인심이 넘치는 정겨운 곳이기도 했습니다.

뻥 소리가 나기 전 "뻥이요." 외치시는 아저씨의 구수한 목소리에 모두 귀를 틀어막고 잠시 기다리는 동안의 기분 좋은 긴장감은 구수한 팝콘 냄새와 함께 그 시절 가장 행복한 소리 중의 하나로 추억됩니다.

긴긴 겨울밤이면 온 가족이 둘러앉아 두 다리를 나란히 앞으로 모두 뻗치고 그 위에 얇은 여름 이불을 덮습니다.

따끈따끈한 방바닥이 웃풍에 식는 것을 방지하기 위한 방법으로 이불을 덮으면 새벽까지 온기가 남아 있었습니다. 그 이불 위에서 강냉이를 자루 채 갖다 놓고 마음껏 주전부리를 합니다.

강냉이에 동치미를 푸짐하게 먹고 나면 옥수수 껍질이 부서져 바닥을 쓸고 잠자리에 들어야 하나 이불만 들고 나가 툇마루에 서서 마당에다 활활 털면 되기 때문에 연례행사가 되어버린 강냉이 먹는 날이면 누가 먼저랄 것까지도 없이 얇은 이불을 펼쳤습니다.

　　한겨울 밤에 강냉이를 먹고 이불을 탈탈 털어 방으로 들어오면 찬 공기와 함께 기분이 업되면서 잠이 달아납니다.
　　언니와 전 얇은 이불에 동생을 태워 좌우로 휘휘 흔들며 큰 파도 작은 파도를 태워주며 파도 놀이를 했습니다. 나중에 동생이 자라서 저도 파도를 탈 수 있었지만 네 살 위인 언니는 너무 커버려 동생과 저는 도저히 언니를 태워줄 수 없었습니다.

　　이 파도타기 놀이는 어린아이를 이불에 태워 흔들면서 노래를 불러주면 공포심이 사라지고 함께 웃으며 즐길 수 있지만 다소 위험성이 있으므로 반드시 어른과 함께 조심스럽게 놀기를 바랍니다.
　　이러한 파도타기 놀이처럼 새로운 놀이 경험은 살면서 새로운 일에 부딪혔을 때 당황하지 않고 도전할 수 있는 원동력이 될 수 있었다고 생각합니다.

경험 놀이마당

❧ ❧ ❧ 놀이마당 78 세숫대야 놀이

저는 세수를 하면서도 놀았습니다. 한겨울 부엌 가마솥에서 따끈따끈 한 물을 떠다 마당에 갖고 나오면 하얀 김이 펄펄 났습니다. 이 하얀 김이 너무 신기해서 눈이 쌓인 날에도 대야에 따뜻한 물을 담아 밖으로 나왔던 것입니다.

마당에는 세숫대야를 걸어놓는 강철로 만든 스탠드가 있었습니다. 이 강철 스탠드에 올려놓고 세수하기 전에 세숫대야에 얼굴을 담그고 서서 숨 참기 놀이를 하곤 했습니다.

세숫대야에 얼굴을 담그고 공기를 밖으로 내보내면 부글부글 공기 방울 올라가는 소리도 재미있고 물속에서 입으로 소리를 내면 더 큰 소리가 들린다는 것도 놀이를 통해 저절로 알 수 있었습니다.

이렇게 갖은 놀이를 하며 세수를 끝내고 나서 세숫대야의 물을 흩뿌리면 소복하게 쌓인 흰 눈이 스르르 녹아 자취를 감추는 현상도 신기했으며 주변의 모든 것들이 제겐 재미있는 놀이가 되었습니다.

어머니께서는 설거지하신 물도 텃밭의 쌓인 눈 위에 뿌리셨는데 눈도 빨리 녹을 뿐만 아니라 새들이 날아와 밥풀이나 음식 찌꺼기들을 쪼아 먹는 것을 보고 말씀이 없으셨어도 새들을 위한 배려임을 알아차릴 수 있었습니다.

특별히 배우지 않아도 우리는 삶 속에서 놀이를 통해 터득하고 놀이를 알아가며 배워가는 것들이 많다고 생각합니다.

조금 시간이 걸리기는 하나 놀이를 통해 배운 지식은 확실한 내 것이 되기 때문에 책을 통해 배운 지식보다 어떠한 문제 해결 상황에서 활용도가 높았었다는 경험 사례를 말씀드립니다.

♣ ♣ ♣ 놀이마당 79 팽이치기

팽이치기는 남자아이들이 주로 하는 놀이였으나 몇 번 팽이를 빌려서 치고 놀았던 경험이 있습니다.

지름이 6~7센티미터 정도 되는 굵기의 나뭇가지를 잘라 낫이나 칼로 팽이를 깎아 만들었습니다. 바닥 쪽은 뾰족하게 깎고 위 부분은 나이테가 보이도록 평평하게 다듬었습니다.

동그라미를 그려 넣거나 팽이에 색을 칠한 경우도 있었는데 팽이가 돌아갈 때 참 멋있었습니다.

물론 문방구에서 팽이를 팔았지만 대부분 나무로 팽이를 깎아서 그림을 그리고 나무막대에 굵은 끈을 서너 줄 달아서 팽이채를 만들어 노는 팽이치기 도구는 주로 남자아이들이 잘 만들었습니다.

팽이치기는 저보다 남자친구들이 훨씬 잘하는 몇 종류 안 되는 놀이 중의 하나였습니다.

문종이로 연을 만들어 놀면 찢어지지 않고 오래 갖고 놀 수 있었습니다. 문종이가 없을 경우 신문지로 방패연과 꼬리연을 만들어 놀기도 했습니다.

대나무를 베어다 쪼개서 연살을 만들기도 했으며 직접 밀가루풀을 쑤어 문종이나 신문지를 오려 대나무 살을 감싸 붙이기도 하고 연의 꼬리를 길게 연결해 붙이기도 했습니다. 이렇게 주먹구구식으로 만든 연은 잘 날지도 않아 연을 날리기 위해 전력 질주를 할 때도 있었습니다.

엄마 반짇고리에서 이불 꿰매는 무명실을 갖다가 얼레를 만들어 감아서 실을 풀어가며 연을 날렸습니다.

나중에는 문방구에 제품이 잘 나와 있어서 사다가 붙이기만 하면 됐습니다. 얼레에 감긴 실까지 팔아서 매우 편리하게 연을 만들어 날릴 수 있었지만 해마다 연을 만드는 실력이 늘어 점점 잘 만들어 잘 날았기에 연을 사서 날리지 않고 나만의 연을 만들어서 갖고 놀았습니다.

연을 날리다 감나무에 걸리기도 하고 세찬 겨울바람에 줄이 끊어져 공들여 만든 연이 순식간에 날아가 버리는 황당한 일도 겪었지만 연날리기 놀이는 처음에 연을 높이 띄우기 위해서 붙이

빨갛게 달아오를 정도로 열심히 뛰면서 연줄을 잡아당겨야 하는 생각보다 운동량이 많고 강한 놀이였으며 매년 겨울에 연례행사처럼 연을 만들어 날렸습니다.

♧ ♧ ♧ 놀이마당 81 널뛰기

커다란 짚단을 놓고 그 위에 튼튼하고 기다란 나무판지를 올려놓습니다. 이때 나무를 판판하고 넓게 켠 널빤지 정중앙에 짚단을 놓아야만 균형을 잡을 수 있었습니다. 널빤지가 좌우로 움직이지 못하도록 짚단이 있는 위치에 한사람이 올라앉기도 했습니다.

처음에는 긴 널빤지가 아래위로 마음처럼 움직이지 않았습니다. 널이 좌우로 흔들리거나 널이 위아래가 아닌 수평으로 되어버려 애를 먹은 적도 있었습니다. 초보자와 널뛰기를 하면 이런 경우가 종종 나왔습니다.

상대편과 호흡이 맞고 널뛰는 기술이 있어야 널을 뛰는 것이 힘들지 않습니다. 상대편이 발로 널빤지를 구를 때의 힘을 이용하여 박자감 있게 널을 뛰어야 높이 올려 뛸 수 있었습니다.
만일 몸무게 차이가 많이 날 경우는 무거운 사람이 안쪽으로 들어가고 가벼운 사람이 널 끝에서 뛰면 균형감 있게 조화를 이루며 널뛰기를 즐길 수 있습니다.

경험 놀이마당

시소처럼 상대와 번갈아 가며 높이 뛰어올랐다 내렸다 반복하면 경쾌한 소리와 함께 땀이 날 정도로 스릴 있고 박진감 넘치는 놀이입니다.

  널이 땅에 쿵 하는 소리와 함께 몸이 하늘로 높이 치솟을 때 머리카락도 함께 치솟는 쾌감과 함께 잠시 세상을 발아래에 둔 즐거움과 쿵덕쿵덕 리듬감에 호기로운 기상으로 유쾌하게 웃을 수 있는 놀이였습니다.

어린 시절 우리 집에는 윷가락을 마음 놓고 던질 수 있는 탄탄한 담요가 있었던 것으로 기억됩니다.

미군 부대에서 나온 군인 담요였는데 몇 번 접어도 넓적한 것이 윷을 높이 던져도 밖으로 굴러 나가지 않을 만큼 윷놀이에 안성맞춤인 담요였기에 아직까지도 생각나는 것입니다.

때로는 친척들의 고스톱판이 되기도 하고 옥수수 강냉이를 먹을 때는 부스러기가 떨어지는 쟁반이 되어주기도 했으며 파도타기 놀이의 바다가 되어주기도 했으니 지금 생각해 보면 그 담요의 역할은 우리 집에서 매우 중요했습니다.

윷가락과 담요와 윷판, 말이라고 하는 검은 바둑알 다섯 알과 흰 바둑알 다섯 알을 챙기면 윷놀이 준비는 끝납니다.

두 명이나 세 명이 동시에 윷놀이를 할 수 있으며 또는 두 팀이나 세 팀이 동시에 윷놀이를 할 수도 있으나 서로 잡히고 잡아먹히기 때문에 복잡해지고 머리를 잘 써야 하므로 두 팀이 윷놀이하는 것이 가장 재미있고 무난하게 말이 날 수 있습니다.

말판은 달력 뒤에다 동그라미 모양이나 네모 모양의 윷판을 그려놓고 입구와 출구의 방향을 그려 넣었습니다.

말판에 규칙을 만들어 그림을 그려 넣거나 글씨를 써넣었습니다. 예를 들어 춤추기가 쓰여 있는 칸에 말이 도착하면 춤을 춰야 하고 엉덩이로 이름 쓰기 등 재미있게 창의적으로 만들어 윷놀이를 했습니다.

　말판의 말은 지름길로 갈 수도 있고 돌아서 갈 수도 있으며 윷가락을 어떻게 던지느냐에 따라서 그때그때의 상황이 변하고 어떤 경우는 도가 좋을 수 있고 도가 나쁠 수도 있고 백도가 무조건 나쁘지만은 않을 수도 있는 것이 윷놀이의 매력입니다.

　말은 바둑알이나 콩알 등 각자 편을 구분할 수 있는 것이면 무엇이든 상관없으며 말 다섯 개가 먼저 난 편이 이기는 놀이입니다.
　윷가락을 던져서 도, 개, 걸, 윷, 모가 나오면 차례대로 한 칸, 두 칸, 세 칸, 네 칸, 다섯 칸을 갈 수 있으며, 백도가 나오면 뒤로 한 칸 말이 물러서야 하는 규칙도 있습니다.

　말을 어떻게 두느냐에 따라서 승패가 달라질 수 있으므로 말이 각각 한 마리씩 달리거나 업고 달리거나 세 마리가 함께 업고 갈 수 있도록 말을 두기도 합니다.
　무조건 말, 즉 바둑알 다섯 개가 빨리 나가면 이기기 때문에 한꺼번에 무리해서 말을 업고 두려다가 한꺼번에 모두 죽게 되는 모험을 하게도 되며 말을 두는 방법에 따라 그 사람의 성격도 어느 정도 파악 할 수 있습니다.

　교직에 있을 때는 신년하례식에 친목 도모를 위한 척사 대회,

즉 윷놀이를 교무실에서 했는데 윷가락을 던졌다 하면 윷 아니면 모가 나와 마침내 우리 편이 이겼습니다. 그때 최고참 선생님께서 윷놀이에서 윷과 모만 나왔으니 올해는 운수대통할 거라는 덕담을 주셨는데 정말 유난히 좋은 일이 많았었던 한해였습니다.

윷놀이는 겨울이면 온 가족이 함께할 수 있는 대표적인 놀이입니다. 지금도 꾸준히 사랑받고 있는 놀이이긴 하지만 각자 바쁘다는 평계로 두 아들과 함께 윷놀이를 한 적이 부끄럽지만 한 번도 없습니다.

제 로망 중의 하나가 두 아들과 함께 하루에 윷놀이를 세 판 이상 해보는 것이기도 한데 아직까지 제 속내를 드러낸 적은 없으며 아마도 넉넉하게 잡아 5년은 더 있어야 시간에 쫓기지 않고 마음 편하게 윷놀이가 가능할 것으로 생각하고 있습니다.

신명 나는 윷판을 벌일 그 날이 빨리 오길 바라면서 내일은 20년 동안 한 번도 사용하지 못하고 서랍 깊숙이 넣어두기만 했던 윷가락과 윷판을 꺼내 깨끗하게 닦아 거풍을 시켜야겠습니다.

경험 놀이마당

❧❧❧ 놀이마당 83 제기차기

지금도 제기차기는 많이 하는 놀이이지만 어릴 적 우리는 정말 많이 한 놀이 중의 하나였습니다.

시중에 파는 반짝이로 만든 예쁜 제기도 많았지만 직접 제기를 만들어서 노는 것을 더 좋아했습니다.

먼저 문종이나 과자 비닐봉지를 넉넉하고 둥글게 어른 한 뼘 정도로 크게 오려서 세 장 정도 준비합니다. 여기에 병뚜껑 크기에 들어갈 수 있는 돌을 주워 무게감 있게 병뚜껑 안에 넣고 이것을 문종이나 과자 비닐봉지에 싸서 실로 꽁꽁 동여맵니다.

10원짜리 동전이나 엽전을 두 개 넣어 싸서 만들면 더욱 편리합니다만 없을 경우 병뚜껑을 재활용했습니다. 그다음은 가위로 문종이를 가늘게 깃털처럼 오려서 복슬복슬하게 만든 다음 깃털 길이를 가지런하게 오려 보기 좋게 만들었습니다.

이렇게 만든 제기를 오른손으로 잡고 위로 던지면 동전 부분이 아래로 떨어지는데 이때 오른발 운동화 안쪽으로 제기를 차면 되는 놀이입니다.

이 제기차기는 오른발로 차기, 왼발로 차기, 오른발 왼발 교대로 차기, 발등으로 차기, 발 안쪽으로 차기, 발 옆으로 내차기, 던져주는 제기를 차기 등 여러 가지 방법이 있지만 어떠한 방법으로든 땅에 떨어뜨리지 않고 많이 차고 오래 차면 찰수록 좋은 놀이입니다.

제기가 높은 곳에서 떨어질 때의 타이밍을 잘 잡아서 발을 들면서 차야 하고 리듬감 있게 차면서 제기를 바로 높이 차야 떨어지는 시간이 길어지므로 다음에 또 찰 수 있는 시간을 벌 수 있기 때문에, 제기를 높이차는 것이 유리했으며 안정감 있게 제기를 찰 수 있었습니다.

마음이 조급해지거나 서두르면 제기를 차는 데 도움이 안 되므로 차분한 마음가짐과 자신감도 균형감 있게 제기를 차는데 매우 중요합니다.

❀ ❀ ❀ 놀이마당 84 새끼줄 기차놀이

겨울에 볏짚으로 새끼줄을 길게 꼬아 묶어 그 안에 아이들이 들어가 기차가 되어 달리다가 손님이 태워 달라고 기차를 세우면서서 기관사가 대표로 가위바위보를 합니다.

손님이 이기면 기차에 태우고 지면 그냥 달리는 놀이입니다.

저는 이 기차를 만들기 위해서 처음으로 새끼 꼬는 방법을 배웠습니다. 고무줄보다 새끼줄이 시각적인 효과와 손으로 잡는 느낌이 좋아 구하기 번거롭지만 새끼줄로 기차놀이를 했습니다.

처음에는 새끼줄 안에 두세 명이 들어가서 달리면 띄엄띄엄 서서 활동이 자유로우나 십여 명이 한꺼번에 들어가 달리거나 걸으려면 왼발 오른발을 맞추고 보폭에도 신경을 써야만 앞사람 발뒤꿈치를 밟지 않게 됩니다.

새끼줄 안에 들어간 맨 앞에 서 있는 사람이 기관사가 되어 가고 싶은 곳을 마음대로 달립니다. 마당 여기저기에 흩어져 서 있는 사람들을 태워주는 것도 그냥 지나치는 것도 기관사 마음대로라서 기차놀이가 재미있으려면 기관사를 잘 뽑아야 합니다.

대부분 가위바위보로 정하기 때문에 가위바위보를 잘하는 사람이 놀이에서 항상 유리합니다.

이 기차놀이는 우리 집 마당에 아이들이 많이 놀러 오는데 재미있는 놀이가 없을까 궁리하다가 제가 만든 놀이입니다.

기차놀이처럼 만들어서 놀기도 하고 언니 오빠들이 노는 모습을 보고 따라 하기도 하면서 놀이를 통해 창의력과 배려심이나 협동심을 키웠다고 생각됩니다.

기차놀이를 하면서 여기저기 뛰어다니느라 지치면 그다음은 뽕나무 위에 올라서서 비행기 놀이를 즐겼습니다.

♣ ♣ ♣ 놀이마당 85 자치기

자치기 놀이는 주로 겨울에 많이 하는 놀이였습니다. 양양지방은 겨울에 바람이 많이 불기 때문에 강풍에 나뭇가지가 많이 떨어졌습니다. 이런 부러진 나뭇가지를 주워 놀이 기구를 만들어 놀았으니 놀이도 기후나 주변 환경에 따라 그 모습이 다양하다는 것을 쉽게 알 수 있을 것입니다.

자치기 놀이는 주로 남자들이 하는 놀이였지만 개의치 않고 무엇이든 다 해보고 싶었기에 어른들이 만들 때 어깨너머로 보았던 자치기 놀잇감을 직접 만들었습니다.

누군가에게 만들어 달라고 하면 여자가 하는 놀이가 아니라고 만들어 주지 않을 것이 뻔했기 때문입니다.

일단 어림짐작으로 지름이 2센티미터가량 되는 나뭇가지를 주워 20센티미터 길이 정도의 양쪽 끝을 뾰족하게 낫으로 깎아냈습니다.

나뭇가지 양쪽 끝을 최대한 각도가 나오도록 비스듬히 깎아야 나뭇가지가 땅에 떨어졌을 때 양쪽 끝이 공중에 떠 있는 상태가 됩니다.

이번에는 지름이 3센티미터 정도 되고 길이가 60센티미터 정도의 기다란 나무막대기를 돌아다니면서 줍거나 나무를 깎아서 만들어야 했습니다. 이 자치기 놀이 막대기는 아무리 잘 감춰 두어도 엄마가 부지깽이로 갖다 쓰시기 때문에 늘 고민이었습니다.

짧은 나무막대를 땅에 놓고 긴 막대기로 한쪽 끝을 치면 짧은 막대기가 공중으로 높이 뜹니다. 이때 달려가서 긴 막대기로 공중에 떠 있는 짧은 막대기를 쳐서 멀리 보내는 놀이입니다.

작은 막대기와 긴 막대기가 공중에서 순간적으로 부딪히려면 순간포착을 잘해서 타이밍을 잘 잡아야 하고 막대를 치는 순간 매우 경쾌한 소리가 났습니다.

긴 막대기를 휘두를 때 리드미컬한 리듬과 함께 끝까지 작은 막대기를 보면서 정확하게 막대의 가운데를 맞혀야 쩽하는 소리와 함께 멀리 날아가게 됩니다.

위와 같은 방법으로 3회를 연속으로 반복해 가장 멀리 보낸 사람이 이기는 놀이입니다.

긴 막대기로 공중에서 작은 막대기를 쳐야 하기 때문에 순발력과 정확성이 요구되며 바닥에서 막대를 띄울 때에도 기술과 요령이 필요한 놀이였습니다.

그리고 멀리 보낼 때에도 돌이나 나뭇가지 볏짚 등에 떨어지면 다시 쳐서 보내기가 수월하거나 난감해지기 때문에 보낼 곳의 방향과 떨어질 위치까지 미리 계산해서 힘 조절을 해야 하는 등 머리를 쓰면서 주변을 탐색해야 하는 놀이였습니다.

짧은 막대기를 최대한 멀리 보내놓고 어른들이 하시던 대로 줄자 대신 긴 막대기를 땅에 대고 막대 끝을 이어가면서 길이를 쟀습니다.

특히 날아가는 작은 막대 끝이 뾰족하기 때문에 눈을 찌를 염려가 있어 어른들께서 위험하다고 자치기를 못하게 하신 적도 있었습니다.

이렇게 자치기 놀이도구를 만드느라 낫으로 나무를 깎던 기술로 미술시간 조각도를 사용해 음각, 양각을 만들어 표현해 내는 활동은 식은 죽 먹기였습니다.

기다란 막대기를 마음껏 휘두르며 놀았으니 대학에 입학해 학과 대항전 체육대회에서 처음 해보는 소프트볼을 방망이로 맞춰 멀리 보내는 경기도 식은 죽 먹기로 자신감 있게 임할 수 있었습니다.

기다란 막대로 길이를 재던 자치기 놀이는 어림수를 감으로 터득했고 가구를 옮기거나 방에 가구를 배치할 때 수건이나 긴 끈으로 대신해서 길이를 재면서 실제 생활에 자주 응용하는 편입니다.

잘만 놀면 놀이에서도 삶의 지혜를 배울 수 있다고 생각합니다.

경험 놀이마당

🎏🎏🎏 놀이마당 86 씨름

학교 철봉대 앞에 모래를 쌓아 둥그렇게 만든 씨름장이 있었는데 우리들은 그곳에서 씨름을 하지 않았습니다.

씨름은 바닷가 모래사장에서 어쩌다 어른들이 하시는 걸 볼 수 있었으며, 장난삼아 씨름을 잠깐 해보긴 했어도 씨름 놀이를 즐기지는 않았습니다.

지금의 낙산해수욕장 기존지구 주차장 자리에서 레슬링 대회가 개최되는 등 그 당시 권투와 레슬링이 인기 종목이었습니다.

성인이 되어 씨름에 관심을 갖게 되면서 씨름이 그렇게 재미있는 놀이라는 것을 뒤늦게 알게 되었고 정확한 기술 동작이 들어가 성공했을 때의 멋진 매력에 푹 빠지게 되었습니다.

교육대학교에서 민속 운동 강의로 씨름을 지도한 적이 있었는데 수강생들이 의외로 씨름을 너무 재미있어하고 씨름 기술을 제대로 써서 경기하는 모습을 보고 내심 놀랐고 행복했습니다.

적극적으로 씨름을 배우고 익혔으니 학교현장에 나가서 즐겁게 씨름을 지도하고 전수하리라 생각되었기에 예비교사들이 샅바 잡는 모습조차 바라보는 내내 기특하고 흐뭇했습니다.

❧ ❧ ❧ 놀이마당 87 8자 놀이

두껍게 8자 모양으로 길을 그립니다. 그리고 8자 모양 가운데 중간 부분에서 양쪽으로 조금 떨어진 곳에 동그라미 모양의 쉬는 곳을 그려둡니다.

작전을 잘 세워 진을 수비하는 사람과 공격하는 사람들을 적절하게 배치해야 하며 빨리 상대편 진지에 들어갈 수 있도록 전략도 필요했습니다.

위의 진과 아래 진은 모두 각자 오른쪽으로 공격 방향이 정해집니다. 깨금발 즉 깽깽이로만 뛰어다녀야 하며 쉬는 곳에서만 두 발로 쉴 수 있습니다. 쉬었다가 다시 깨금발로 뛰어가서 상대편과 싸웁니다.

혼자의 힘이 부족하면 같은 편끼리 서로 힘을 합쳐 상대편을 저지하면 됩니다. 금을 밟거나 넘어지면 죽게 됩니다.

8자 모양 양 끝에 진을 치고 두 팀으로 나뉘어 깨금발로 서로 오고 가면서 상대편 팀을 막고 넘어뜨리고 피하면서 상대편 진지에 들어가서 먼저 만세를 부르면 이기는 놀이입니다.

과격한 놀이라 남자아이들이 주로 했으나 여자인 우리들끼리도 몇 번 놀았던 적이 있었는데 단추가 떨어지고 머리가 헝클어지고 손등이 할퀴어지는 등 8자 놀이를 하고 난 후유증이 오래가기에 재미있긴 했어도 우리들은 안 하기로 결정했습니다.

경험 놀이마당

❣ ❣ ❣ 놀이마당 88 굴렁쇠 굴리기

굴렁쇠는 집에 없어서 못 굴려 보았으나 윗마을에 사는 남자아이가 굴리는 것을 지켜본 적은 있습니다. 한 아이는 나무로 만든 굴렁쇠를 굴렸던 것 같은데 어렴풋이 생각만 날 뿐 정확하지는 않습니다.

어머니의 고모님 손자인 종필이와 친구 완규가 굴렁쇠를 잘 굴렸던 것으로 기억됩니다.

88 올림픽 개막식에서 어린이가 굴렁쇠 굴리는 모습을 지켜보면서 다시 굴렁쇠 굴리기 놀이를 해봐야겠다고 생각했지만 기회가 없었습니다.

이 굴렁쇠 굴리기 놀이는 어린이들뿐만 아니라 노인복지관이나 요양원 등에서 놀이 프로그램으로 운영해도 좋을 것 같습니다.

굴러가는 바퀴에 집중하다 보면 집중력도 좋아지고 굴렁쇠가 굴러가는 속도에 따라 걷는 속도도 자연히 빨라질 것이므로 놀이를 통해 자신도 모르는 사이에 걷거나 뛰는 운동이 될 것이므로 굴렁쇠 굴리는 기술이 좋아질수록 운동량도 증가하게 될 것입니다.

가마타기는 셋이서 협동하는 놀이입니다. 오른손을 왼 손목 위에 올려놓고 잡습니다. 이 상태에서 왼손으로 친구의 오른손목을 잡고 친구는 같은 방법으로 왼손으로 상대의 오른손목을 잡으면 가마가 완성됩니다.

이렇게 가마가 완성되면 가마가 된 두 사람은 오른 무릎을 세우고 쪼그리고 앉아 가마를 타기 쉽도록 내려 주면 다른 친구는 양발을 팔 구멍에 넣고 가마에 올라앉았습니다. 무릎을 세우고 앉아야 일어나기 쉽고 조금 더 편했습니다.

두 사람은 가마에 친구를 태우고 쪼그리고 앉았다 일어나는 일이 만만치 않았습니다. 만일의 경우 키 큰 친구나 살이 많이 찐 친구가 가마를 타게 되면 못 일어나고 주저앉게 되어 가마가 망가지는 일도 생겼습니다.

그러나 키 큰 친구들은 눈치껏 가마가 되어주기 때문에 대부분 친구를 태우고 일어나서 목적지를 향해 걸어가며 재미있게 놀았습니다.

가마타기 놀이의 변형으로 운동회 때 기마전을 할 때도 가마에 태워서 단체 경기를 하면 재미있었습니다.

가마를 태울 때 키 큰 친구는 가마를 내리고 키 작은 친구는 가마를 올려야 균형이 맞아서 가마를 타기가 편리한 놀이이므로 배려하는 마음과 협동심이 없으면 매우 힘든 놀이이기도 합니다.

바닷가에서 놀다 올 때 동생이 지쳐 보이면 가마타기 놀이를 제안해서 몇 번 태워 준 적이 있었으며 집에서 놀 때는 주로 가마가 되었던 것으로 기억됩니다만 역시 가마 위에 올라타면 기분이 참 좋았습니다.

우리 마을에 결혼식을 올리지 못하고 사는 젊은 부부들이 몇 명 있었는데 엄마는 전통혼례를 주선해서 신부에게 한복을 입힌 뒤 연지 곤지를 찍고 동네에서 공용으로 비치해 둔 혼례복인 활옷에 원삼과 족두리 등으로 장식을 꾸며주었습니다.

신랑에게는 사모관대를 입혀 서로 맞절을 시키고 잔칫상을 차려 국수를 삶아 동네 어른들께 대접하셨는데 음식부터 혼례식까지 모두 엄마가 나서서 일사천리로 지휘하시는 것을 세 번이나 보고 어린 마음에도 우리 엄마가 참 대단하시다고 생각했습니다.

이렇게 전통혼례가 있는 날이면 마음이 들떠서 가마타기 놀이를 했던 1970년대 초반의 추억이 까마득한 옛날이야기 같습니다.

눈이 왔다 하면 너무 많이 와서 온 가족이 나가 눈을 치워야 했습니다. 눈을 퍼 담기 좋은 시멘트를 섞는 끝이 납작한 삽 세 개와 보통 삽, 나무로 된 삽도 우리 집에 있었습니다.

수분기가 많은 눈이라 무거워 삽으로 눈을 떠서 멀리 날려 보내다 보면 힘이 들었습니다. 삽으로 눈을 퍼서 원하는 길을 뚫고 나면 장난기가 발동해 두 개의 삽의 목에 한발씩 올라타고 한발한발 걸어 다녔습니다.

고구려 벽화에 나오는 높이보다는 훨씬 낮았지만 삽으로 타는 목말 타기는 흙이나 눈에 삽이 꽂혀 생각보다 안전했습니다.

두 개의 삽으로 놀고 있으면 누군가 꼭 와서 함께 하자고 제안합니다. 이번에는 한 개의 삽에 두 발을 동시에 올려놓고 콩콩 찍으면서 마당에서 뛰어 놀았습니다.

엄마는 마당의 흙이 파인다고 이 놀이를 싫어하셨지만 이 목말 타기 놀이는 즉흥적인 놀이였기 때문에 생각지도 못한 재미가 있었습니다.

큰댁 큰어머니께서는 두 아들이 서울 가서 살았기 때문에 거의 우리 집에 오셔서 함께 사신 것이나 마찬가지였습니다.

하드가 시장에 처음 나왔을 때 양양 장날 가셔서 사먹었더니 시원하고 너무 맛있어서 우리 엄마를 주려고 하나 사서 함지에 이고 4킬로미터나 되는 길을 걸어오셔서 집에 도착했을 때는 나무 손잡이만 남아 있더라는 재미있는 일화는 우리 집에서 유명합니다.

겨울밤이면 엄마랑 큰집에 가서 큰어머니의 구성진 목소리로 읽어주시는 《춘향전》《흥부전》《홍길동전》《이춘풍전》 등이 재미있어 거의 외울 정도로 들었습니다.

어릴 적 웃어른께 처음으로 드리던 세배는 한발을 접고 한무릎을 세워 앉아서 하는 많은 사람들이 보통하고 있는 절을 드렸습니다.

큰어머니께서는 그 절을 상놈의 절이라고 하시면서 절하는 법을 몸소 시범을 보여주셨습니다.

먼저 결혼식 때 하는 큰절을 배웠는데 드라마에 나오는 중전마마가 대왕마마께 드리는 절의 모습과 똑같았습니다. 그날 배운 큰절 연습은 시집갈 때 전통혼례에서 남편과 맞절을 할 때 따로 연습하지 않아도 잘할 수 있었습니다.

　다음은 새해가 지난 후 이웃 아주머니들끼리 만나서 절을 하거나 형제자매들끼리 오랜만에 만났거나 새해 인사를 나눌 때 하는 막 절입니다.
　두 무릎을 세우고 앉아 두 손을 무릎 앞에 두고 고개를 다소곳이 숙여서 하는 절입니다.
　이 절은 우리 형제자매들이 오랜만에 만나면 가끔 했던 절입니다.

　다음은 평절로 가장 어려운 절입니다. 큰절은 양쪽 팔을 잡아주고 일어날 때 도와도 주지만 이 평절은 혼자서 해내고 일어나야 하기 때문에 연습을 해야만 예쁘게 잘할 수 있었습니다.
　두 손을 포개어 공손하게 서서 두 발을 가지런히 모으고 두 손을 허벅지 앞에 각각 두고 허벅지에 손바닥을 댄 채 서서히 손바닥을 무릎까지 쓸어내리면서 천천히 앉아 무릎으로 바닥을 지지한 채 다리를 반으로 접어 앉은 후 접은 두 다리를 각각 좌우로 벌려 엉덩이가 땅에 닿아야 합니다. 엉덩이가 땅에 닿으면 두 손바닥을 앞으로 조심스럽게 내밀어 방바닥에 대고 공손하고 천천히 머리와 허리를 굽혀 하는 절을 말합니다.
　이 평절 하는 것은 생각보다 쉽지 않았으며 다행히 저는 무난하게 평절 배우기를 소화해 냈고 동생은 조금 어설펐지만 어리니까 유연성이 좋아 해냈는데 문제는 셋째 언니였습니다.

경험 놀이마당

초등학교 때부터 육상 선수에 탁구 선수로 훈련을 받았으니 근육이 단련될 때로 단련되었을 것이고 2차 성징이 나타나는 신체의 큰 변화를 겪고 있는 중2 여학생으로 감안해서 생각해 볼 때 허벅지 근육과 종아리 근육이 땅기고 온몸이 몹시 아팠을 것입니다.

언니는 평절을 하자마자 엉덩이를 땅에 대지도 못하고 엉성하게 앉아서 얼굴을 찡그리며 비명을 질렀습니다.

엄마를 포함한 우리들은 웃음바다가 되었고 몇 번 더 시도했지만 언니의 비명 소리는 더 커져만 갔으며 옆에서 웃는 것이 미안한 생각이 들어 웃음을 멈추려 했지만 계속 터져 나오는 웃음을 어떻게 할 수가 없었습니다.

이렇게 동생과 저는 예절교육을 예절 놀이로 만들었으며 언니의 실수로 웃음바다가 되었던 재미있는 추억을 간직할 수 있게 되었습니다.

절을 배운 이후 동생과 저는 가끔 절 놀이를 했었고 놀이를 통해 동생도 능숙하게 평절을 할 수 있게 되었으나 언니는 해를 거듭할수록 점점 힘들어하고 평절을 포기하더니 세배하기를 싫어했습니다.

친척 어른들에게 평절로 세배를 드리면 100원, 200원 많아야 500원을 주시던 세뱃돈을 1,000원, 2,000원으로 올려주셨기에 복주머니에 세뱃돈이 두둑해지는 기쁨을 새해 아침부터 즐길 수 있었습니다.

♣ ♣ ♣ 놀이마당 92 신체 표현 놀이

우리나라는 사계절이 있어 의식주 문화뿐만 아니라 놀이문화도 사계절에 따라 다양하게 발달 되었습니다.

갖고 놀 수 있는 장난감이 없었으니 주변의 모든 사물들이 놀이가 될 수 있었으며, 특히 긴 긴 겨울엔 눈이 너무 쌓여 밖으로 나가 놀 수 없으니 몸을 비틀고 접고 하면서 자신의 몸까지 놀이도구로 활용할 수밖에 없었습니다.

신체 표현 놀이 중에 신체로 글자나 숫자를 만드는 글자 놀이, 숫자 놀이가 있었습니다. 혼자서는 애매한 글자를 둘이 협동해서 만들면 좀 더 명확하고 쉽게 놀이를 할 수 있었습니다.

큰댁 큰오빠가 자전거를 타고 대관령을 넘어 서울을 갔다 왔다는 무용담을 듣고는 누워서 두 손으로 등을 받친 후 허리를 꼿꼿하게 세운 뒤 두 발로 자전거 페달을 밟는 흉내를 내며 신나게 상상자전거를 타고 서울도 갔다 오고 부산도 갔다 왔습니다.

그때 놀았던 신체 표현 놀이들이 훗날 무용시간이나 체육시간, 기계체조와 리듬체조 지도에서 배우고 가르치는 학생과 교사 입장을 이해하는데 많은 도움이 되었습니다.

자신의 몸을 생각하는 대로 자유자재로 마음껏 움직일 수 있다는 것은 큰 축복이며 살면서 자신감이 충만한 삶을 만들어 갈 수 있기도 합니다.

신체 표현 놀이는 유연성을 기르기도 좋으므로 될 수 있는 한 하루라도 빠른 어릴 적에 하는 놀이형태의 조기교육이 좋습니다.
기존의 신체 놀이를 흉내 내거나 변형하기도 하고, 시대의 변화에 맞게 창의적으로 글씨체를 만들어 보기도 하고, 한글, 영어, 한자, 일본어 글자 모양 등을 몸으로 표현해 만들어 놀기를 추천합니다.
신체 표현 놀이를 통해 창의성뿐만 아니라 확산적 사고력까지도 기를 수 있을 것입니다.

어렸을 적에는 뭐가 그리 좋았던지 그때를 생각하면 항상 웃음 소리가 귓가에서 들리는 듯합니다.

하루 일과가 끝나고 라디오에서 나오는 연속극까지 듣고 나면 일찍 잠자리에 드는데 요를 깔기가 무섭게 이불을 펴기 전에 동생과 저는 요 위로 뛰어들어 굴러다녔습니다.

통나무가 되어 몸을 뻣뻣하게 만들어 굴러다니기도 하고 몸을 최대한 동그랗게 말아 공이 되어 앞구르기를 해보기도 했습니다.

앞구르기는 잘했는데 뒤구르기를 시도하며 몇 번 벌러덩 벌러덩 눕다 보면 이불을 들고 옆에서 웃고 있던 엄마나 언니가 이불을 털썩 놓고는 옆에 다른 요를 깔고 주무셨습니다. 우리는 그렇게 한참을 뒹굴며 놀다 잠이 들기도 했습니다.

어쩌다 마을에 동춘 서커스단이 와서 입장료를 내고 엄마랑 서커스를 관람하고 온 날 밤이면 물구나무까지 서보느라 이불에서 난리법석을 떨었지만 엄마는 한 번도 우리에게 싫은 내색을 하지 않으셨기에 놀이에 대한 욕구 충족이 충분했으며 물질적인 면이 조금 부족했어도 마음만은 항상 부자일 수 있었던 것 같습니다.

말을 아끼시고 침묵 속에서 웃으며 바라봐 주시던 엄마의 무릎 위 교육과 밥상머리 교육, 무조건 믿고 기다려 주신 교육 등 아침부터 잠들기 전까지 웃음으로 마무리되는 놀이로 끝낼 수 있었기에, 이러한 엄마의 정신적인 유산은 지금도 제 삶 속에서 빛을 발하고 있습니다.

🍀🍀🍀 놀이마당 94 깨금발 뛰기

사투리로 깽깽이 뛰기라고도 하며 한 다리로 서서 뛰어다니는 놀이입니다.

저는 비교적 운동신경이 발달되어 있었기 때문에 동생과 놀아줄 때 깨금발 뛰기를 하면서 술래잡기 놀이를 하고, 깨금발 뛰기로 열 스물 놀이도 했습니다. 그냥 뛰어다니는 것보다 더 운동량이 많은 고급 단계의 놀이에 해당됩니다.

잘하고 못하는 정도가 현저하게 차이 나는 두 사람이 놀이를 할 때 잘하는 사람이 깨금발 뛰기로 하면 어느 정도 수준이 맞춰져서 놀이가 재미있게 됩니다.

색깔 잡기 놀이 등 빨리 뛰어야 하는 놀이에서 부자간이나 모녀지간 또는 1학년과 6학년이 함께 즐겁게 놀 수 있는 방법으로 유아와 놀 경우 아빠 엄마 6학년에게 깨금발 뛰기를 추천합니다.

❦ ❦ ❦ 놀이마당 95 빙글빙글 돌기

특별한 목적 없이 그냥 제자리에서 빙글빙글 한참을 돌다가 멈추면 온 세상이 빙글빙글 돌아가는 것을 볼 수 있었고, 눈을 감았다 떴다 반복하면 세상은 여전히 빙빙 돌아가고 있어 바라보는 재미가 있었습니다.

빙글빙글 한참을 돌다가 걸어가면 비틀비틀거리는 것이 재미있기도 하고 친구가 심하게 비틀비틀거리는 것이 우습기도 해서 자주 했던 놀이입니다.

도는 빠르기나 도는 시간이 길어지면 제자리에 주저앉는 친구도 있었으니 균형 감각의 정도를 알 수 있는 놀이라고 생각합니다.

양팔을 벌려 빙글빙글 돌다가 앞으로 걸어가면서 심하게 비틀거리는 것을 막거나 넘어지지 않으려고 양팔 날개로 균형을 잡기도 했으며 코끼리 코를 잡고 빙글빙글 돌기도 했습니다.

빙글빙글 도는 놀이는 세상이 빙글빙글 돌아가는 중심에 항상 제가 서 있었으며 중심을 잃지 않으려고 두 다리를 땅에 버티고 서서 안간힘을 쓰던 깡마른 어린 소녀의 모습이 지금의 제 모습과 비교됩니다.

어렸을 적에는 뜬금없이 말도 안 되는 노래를 부르면서 노는 경우가 많았습니다. 그래도 그때는 참 재미있었습니다.

이 매야 매야 놀이는 온 가족 또는 친척 등 누구나 함께 할 수 있는 정감 있었던 놀이로 기억됩니다.

특히 겨울방학에 외사촌들이 놀러 오면 다리를 나란히 펴서 마주 앉은 상대의 다리와 지그재그로 끼고 앉아 일고여덟 명이 모두 입을 모아 목청껏 이 노래를 합창하며 놀았던 추억이 있습니다.

방 안에 있는 사람이면 남녀노소 불문하고 모두 무릎을 펴고 마주 보고 앉아 다리를 서로서로 끼워 넣었습니다.

나란히 뻗어서 모여 있는 다리들을 보면 얼핏 보아도 누구의 다리인지 알 수가 있었습니다. 다리의 길고 짧은 정도와 굵기 바지 색깔만 보아도 금방 알 수가 있었습니다. 항상 제 다리는 가늘었고 작아서 좀 더 살이 쪄야 된다는 생각을 했던 것 같습니다.

아마도 엄마는 이 놀이를 통해 누구 키가 제일 많이 컸는지 알 수 있으셨을 겁니다.

"매 야 매야 어디로 가니?"
"새끼 치러 간다."
"몇 마리 쳤니?"

"다섯 마리 쳤다."
"하나 둘 셋 넷 다섯."
"볶아 먹고 짖어 먹고 기차 뿡."

　손으로 한 사람 두 사람 세 사람의 다리들을 차례로 토닥토닥 쳐가면서 위의 노래를 부르다가 뿡에서 멈추면 그 다리를 접고 다시 '매 야 매 야' 노래를 부르면서 놀이를 시작했습니다.

　이 노래의 박자를 띄어 써보면 다음과 같습니다.

"매 야 매 야 어디 로 가 니?"
"새끼 치러 간 다."
"몇 마리 쳤 니?"
"여섯 마리 쳤 다."
"하나 둘 셋 넷 다섯 여섯."
"볶아 먹고 짖어 먹고 기 차 뿡."

　띄어쓰기에서 한 박자씩 다리를 치다가 뿡에서 멈추면 그 다리를 접었습니다. 이렇게 노래를 부르면서 '매 야 매 야' 놀이를 하다 보면 두 다리를 모두 접은 사람은 뒷전이 되고 남은 다리로만 '매 야 매 야' 노래를 부르면서 놀이가 진행되었습니다.
　가장 마지막에는 두 사람만 서로 다리를 끼고 남게 되는데 상대가 열 마리 쳤다고 답하면 노래는 점점 빨라지고 빠른 박자에

경험 놀이마당

맞춰서 노래를 부르다 보면 혀가 꼬이고 숨이 찼지만 빨리 놀이를 끝내고 모두 다시 하고 싶어서 토닥토닥 치는 것이 아니라 손 끝만 왔다 갔다 하고 발음도 부정확할 정도로 더욱 빨리 노래를 불렀습니다.

만일 열 마리 잡았다는 답이 나오면 열 번을 오가며 다리를 두드려야 하기 때문에 놀이를 하는 동안 수십 번을 두드려 맞아야 하므로 매번 같은 곳만 두드리면 다리가 뻘겋게 되기 때문에, 처음에는 허벅지 중간에서 시작해 두드리다가 무릎 쪽으로 점점 내려가면서 두드리게 되는 놀이였습니다.

놀이를 오래 하고 싶으면 천천히 노래를 부르고 빨리 놀이를 끝내고 싶으면 누구라도 빨리 노래를 부르면 되는 합리적인 놀이였으며 놀이를 하면서도 배려와 재치가 필요했던 놀이라는 생각이 듭니다.

우리 조상들은 예로부터 매사냥을 즐겼으며 고관대작들의 매사냥에는 수많은 사람들이 동원되기도 해 백성들의 원성을 쌓기도 했었다고 합니다.
지금 생각해 보면 해마다 매사냥 놀이를 위해서 매가 새끼를 많이 치기를 바라는 바람을 담아 부르던 노래가 구전으로 전해진 것은 아닐까 하는 생각을 했습니다.

집에 바둑판이 여러 개 있었습니다. 가끔 오빠 친구들이 바둑판을 빌리러 와서 빌려준 적이 있으며 서울에서 학교 다니는 오빠가 내려오면 바둑판을 찾으러 심부름 간 적도 여러 번 있었습니다. 그러나 보니 바둑판과 저절로 가깝게 되었으나 바둑을 배울 기회는 없었습니다.

가끔 어른들께서 두시는 바둑을 곁에서 지켜보아도 몇 집을 짓는다는 것밖에는 이해하기가 어려웠습니다.

하는 수 없이 바둑 두기 대신 동생과 만들어서 노는 수밖에 없었습니다. 동생과 바둑판 한 칸 한 칸의 선에 같은 개수의 바둑알을 일렬로 놓고는 가위바위보로 순서를 정했습니다.

바둑알이 앞으로 한 칸을 가도 좋고 열 칸을 가도 좋지만 뒤로 후진하는 것은 안 되며, 검은색 바둑알 사이에 흰색 바둑알이 들어 있거나 반대로 흰 바둑알 사이에 검은 바둑알이 놓여 있을 경우, 가운데 있는 바둑알은 상대가 갖고 가며 많이 따는 사람이 이기는 놀이입니다.

알까기 놀이는 손가락으로 바둑알을 밀어서 옮겨놓는 놀이이지만 다음 단계는 엄지 검지 두 손가락으로 내 바둑알을 튕겨서 상대편 바둑알을 맞히면 튕겨 나가 바둑알이 바둑판에서 떨어지면 따먹을 수 있는 놀이도 했습니다.

담요로 덮어놓은 다리가 달린 두꺼운 통나무 바둑판이 좋아 보여 무겁지만 밀어다 옮겨놓고 그것으로 알까기놀이를 하곤 했습니다.

　바둑알이 무게감도 있고 촉감도 다른 바둑판에 있는 것보다 좋아서 잡으면 손에 착 붙는 느낌이었습니다.

　흰색, 검은색의 바둑알도 모두 같은 줄 알았는데 다른 종류가 있다는 것을 알까기 놀이를 통해 처음 알게 되었습니다.

　이 알까기 놀이는 바둑판 선 따라 바둑알을 옮기는 매우 단순한 놀이였지만 바둑알의 촉감을 통해 눈으로 보는 것과 실제는 다를 수도 있다는 것을 알게 되었고, 살면서 물건을 살 때나 어떠한 것을 선택할 때 신중하게 생각하고 고를 수 있어 실패 경험을 최소화시킬 수 있는 삶의 지혜를 작은 것부터 실천할 수 있게 되었습니다.

　예를 들어 이불이나 옷을 고를 때도 무늬나 색감보다도 소재나 촉감을 최우선 순위로 두고 선택하고 있으며 선택한 결과의 만족도가 높은 편입니다.

　이렇게 어린이들에게 놀이는 어른들이 생각하는 것보다 더 많은 좋은 영향을 미치고 삶에도 영감을 준다는 것을 알게 됩니다.

❧ ❧ ❧ 놀이마당 98 오목 놀이

알까기 놀이에 이어 오목 놀이를 했습니다. 오목 놀이는 바둑알 다섯 개를 가로 또는 세로나 사선으로 먼저 놓으면 이기는 놀이였습니다. 바둑알 세 알이 서로 맞물려 있는 쌍 삼이 있으면 놀이가 빨리 끝나게 되므로 주로 쌍 삼이 없다는 전제하에 놀이가 진행되었습니다.

처음에는 제가 이기는 것으로 빨리 끝났었는데 동생의 실력이 늘면서 놀이시간도 길어졌습니다. 오목 놀이를 하면서 저도 머리를 써야 이길 수 있게 되고 막상막하로 질 때도 있었습니다. 저는 동생과 오목 놀이를 통해서 동생이 머리가 좋다는 것을 알게 되었고, 조금만 노력하면 공부로 성공할 수 있을 텐데 친구들과 놀기만 하는 동생이 안타까웠던 적도 있었으나 지금은 적어도 동생이 저보다 현명하게 잘살고 있음을 인정합니다.

제 놀이 파트너는 주로 동생이었습니다. 그렇기 때문에 동생은 제 인생에 많은 긍정적인 영향을 주었습니다. 만일 동생이 없었다면 어린 시절을 그렇게 잘 놀지 못했을 것이고 지금의 저도 정신적으로 잘 성장하지 못했을 수도 있었으리라는 생각을 해본 적이 있었습니다.

바쁘신 부모님께서 잘 놀아주지 못할 것은 뻔한 일이고, 어린 시절 동생을 데리고 다니면서 놀았던 것을 동생을 돌보면서 살았다고 생각해 왔었는데 '놀이로 배우다' 관점에서 생각해 보니 오히려 동생에게서 돈으로 살 수 없는 많은 소중한 것들을 받았다는 생각이 듭니다. 이렇게 좋은 놀이는 사람을 바람직한 방향으로 생각을 이끌어 주는 것 같습니다.

❦❦❦ 놀이마당 99 망우리 돌리기

내일이면 벌써 정월 대보름입니다. 음력 1월 15일을 정월 대보름이라 하며, 새해 들어 첫 번째 맞이하는 보름달을 볼 수 있기에 달맞이 달집태우기 더위팔기 놀이 등을 했습니다.

그중 가장 기억에 남는 놀이는 망우리 돌리기 놀이입니다. 망우리 돌리기 놀이는 쥐불놀이와는 차원이 다른 놀이입니다. 망우리 돌리기 놀이를 하면서 한 번도 논두렁이나 밭두렁을 태운 적이 없었으며, 타는 것을 본 적도 없을 정도로 안전한 놀이로 기억하고 있습니다.

그러고 보니 저는 주로 남자아이들이 하는 놀이를 더 좋아했던 것 같습니다. 평소엔 얌전한 여자아이였지만 놀이할 때만큼은 남성적 기질이 강했었다는 걸 지금 이 글을 쓰면서 처음으로 제 자신에 대해 알게 된 새로운 사실의 발견에 해당됩니다.

겨울에는 마당을 쓸지 않았었는데 정월 대보름날 새벽에는 평소보다 더 마당을 깨끗하게 쓸었습니다.

아침에 마을 어르신들로 구성된 사물놀이패가 마당에서 한바탕 놀면서 건강과 복을 기원해 주시면 엄마는 마당에 주안상을 차려 내셨습니다.

꽹과리, 장구, 징, 북, 나발 소리가 마당에 울려 퍼지면서 사물놀이패가 춤을 덩실덩실 추면서 마당을 빙빙 돌고 간 다음은 아침부터 마음이 들뜨고 기분이 좋아졌습니다.

오후에는 망우리 돌리기 놀이를 위한 놀이도구를 만들기 위해 분주해졌습니다. 복숭아 통조림이나 꽁치 통조림 깡통이 집에 있었지만 성에 차지 않아 좀 더 큰 깡통을 구하기 위해 마을 곳곳의 있을만 한 곳은 모두 찾아다닌 적도 있습니다.

처음엔 오고 가다 친구를 만나서 이름을 불러 대답하면 "내 더위 사거라."라고 큰 소리로 말하면서 더위를 팔기도 했으나 친구가 여름에 더울 것을 생각하니 차차 조금 미안한 생각이 들어 더위를 팔지 않았으며, 더위를 타지 않는다는 것을 알게 된 뒤로는 더위를 팔 필요가 없었습니다.

우리 집에 자주 놀러 오시며 혼자 사시는 금강 댁 할머니께서 꽁치 통조림 깡통보다 지름과 높이가 좀 더 크고 튼튼한 깡통을 내어주셔서 기쁜 마음으로 집에 돌아와 못과 망치로 구멍을 열심히 뚫고 철삿줄로 길게 늘어뜨려 끈을 만들어 묶었습니다.

경험 놀이마당

그 깡통 안에 부엌 아궁이에서 숯불덩이를 몇 개 넣은 후 작은 소나무 가지를 주워 채워 넣고 철사로 입구를 막아 불덩어리가 밖으로 튀어나오지 못하도록 고정시켰습니다.

초저녁부터 망우리를 돌리며 친구들과 놀다 보면 어둠 속에서 연기와 함께 빙글빙글 불덩어리 대여섯 개가 돌아가는 모습은 어두컴컴한 밤에 재미있고 스릴 있는 풍경이었습니다.
못으로 뚫은 작은 구멍 사이로 때론 불꽃이 떨어져 나오기도 하지만 별똥별처럼 금방 하얀 숯가루처럼 변하다 사라져 버리기 때문에 신경 쏠 필요는 없었습니다.

어쩌다 불똥이 튀어 나일론 천으로 만든 점퍼에 구멍이 나는 친구도 있었으나 모든 걱정은 친구들 웃음 속에 사라져버렸습니다. 어떤 친구의 깡통에는 불이 붙지 않고 연기만 나서 켁켁 거리는 모습에 웃음바다가 되기도 하고 함께 불을 살리거나 불씨를 나누어 주면 불이 다시 붙어 환하게 되는 순간의 환희 같은 것들을 느끼다 보면 어느새 정월 대보름달이 성큼 다가와 우리를 비춰 주고 있었습니다.
이렇게 우리는 망우리를 돌리면서 마음의 불꽃을 활활 태우다 보름달처럼 환한 마음으로 집에 돌아와 곤히 잠들었습니다.

문화재 보호 차원이나 산불 조심 등으로 요즘은 엄두도 내지 못할 망우리 돌리기 놀이겠지만 들판에 나가 불덩어리 깡통을 철사 끈에 매달아 돌리는 망우리 돌리기 놀이는 마냥 즐겁기만 한 세시풍속의 민속놀이였습니다.

　망우리 돌리기 놀이는 깡통에 뚫린 구멍으로 어쩌다 불꽃이 떨어져 튀어나올 수 있고 친구가 갖고 있는 깡통에 매단 철끈의 길이가 어느 정도인지 정확히 알 수 없으므로 무조건 일정한 간격으로 멀리 떨어져 돌려야 안전하게 놀 수 있었습니다.
　줄을 길게 만들어 갖고 나온 오빠들은 멀리 떨어지라고 큰소리로 외치기도 합니다만 간혹 짓궂은 어린이들은 망우리를 가슴 앞에서 돌리지 않고 머리 위에서 돌리는 경우가 있기 때문에 만일의 경우를 대비해 안전하게 멀리 떨어져 돌렸습니다.

　고성 산불이나 2005년 도로변 원인 미상의 큰불이 나서 낙산사가 불타고 보물로 지정되었던 동종이 소실되는 등 강원도 동해안 일대의 대형 산불로 겨울이면 촉각을 곤두세우고 산불예방에 힘쓰는 것으로 알고 있습니다.
　작년에는 양양에 눈다운 눈이 한 번도 내린 적이 없어 메마른 산과 들에 혹시나 산불이 또 날까 봐 걱정되던 차에 며칠 전 뉴스로 양양의 산불 소식을 접하면서 안타까움과 함께 기후변화의 심각성을 다시 한번 확인했습니다.
　1970년대에 불덩어리를 갖고 그렇게 휘두르며 놀았어도 화재 한번 나지 않았었는데 불조심을 조심조심 살펴도 불이 나는 이유는 지형성 강우량이나 바람의 방향 등 지구 온난화 문제에서 기

경험 놀이마당

인했다고 판단되므로 강원도, 우리나라 문제만이 아닌 코로나 19처럼 전 세계인이 함께 지구 온난화 문제를 해결해 나가야 한다고 생각합니다.

망우리 돌리기 놀이에서 불조심을 연상하다 보니 갑자기 사회의 어떠한 사건이나 변화와 기후의 변화에 따라 놀이도 변화한다는 생각이 듭니다.

저처럼 주변 환경에 적응하면서 새로운 놀이를 만들어 놀았듯이 새로운 놀이 종류가 등장할 것이고 망우리 돌리기 놀이처럼 사라져 버리거나 놀이도구 놀이 방법 등이 변할 수도 있다고 생각합니다.

'놀이는 변한다.'는 가정하에 망우리 돌리기 놀이를 현대적으로 변화시켜 보았습니다. 가늘고 기다란 질긴 줄이 달린 구멍 뚫린 깡통 제품 안에 솔가지 대신 야광으로 된 선들을 뭉쳐 넣고 레이저 광선 칩을 넣어 돌리면서 놀면 활동적인 불꽃놀이가 될 수 있을 것 같습니다.

마을 언덕이나 공원, 강변, 논·밭둑 어디든지 일정한 간격을 유지한 채 한 줄로 서서 여럿이 함께 망우리 신제품을 돌린다면 새로운 세시풍속 놀이의 진풍경이 펼쳐질 것 같습니다.

일정한 간격으로 레이저 빛이 쏟아지는 망우리를 돌리면서 달맞이를 한다면 불이 날 걱정 없이 친구들과의 멋진 추억의 놀이를 공유할 수 있을 것입니다.

1970년대는 삐라를 주워서 학교에 갖다 내면 책받침이나 연필 등 학용품을 상품으로 주셨습니다.

주로 산속 마을에 사는 친구들이 삐라를 많이 주워서 학교에 왔으며, 양양은 유난히 봄바람이 많이 부는 곳이라 어쩌다 철조망에 걸린 삐라를 주울 경우도 있었습니다.

삐라는 북한에서 날려 보내는 체제 선전 광고지라고 할 수 있었습니다. 삐라를 주울 경우 읽어보지 말고 학교에 갖고 오라고 하시는 선생님의 신신당부 말씀으로 세뇌되었던 터라 삐라를 손에 들고만 있어도 큰일 날 것만 같아 가슴이 떨렸던 적이 있습니다.

학용품을 받는 친구들이 부러워 우리는 삐라를 줍기 위해 돌아다닌 적이 여러 번 있었습니다. 한껏 간다는 것이 아름드리 소나무가 있는 큰 솔밭이나 군부대가 있는 바닷가 솔밭이었지만 평소 가지 않던 솔밭 곳곳을 다니면서 삐라를 찾는 일은 어린아이들에게는 용기가 필요한 행동이었습니다.

조금 어둡거나 음침한 곳에 있을 것만 같아 살금살금 걸어가 풀숲을 헤쳐 보기도 하고, 뒤에 따라온 친구의 인기척에 소스라치게 놀라기도 했었던, 삐라를 찾는다는 자체가 우리들에게는 두려우면서도 설레는 놀이가 되었던 것 같습니다.

번번이 실패하면서도 삐라를 주우러 나갔던 우리는 어쩌면 삐라는 미지의 세계에서 날아온 그 자체의 이름만으로도 상상력으로 스릴을 느꼈는지도 모르겠습니다.

삐라를 줍기 위해 마을 곳곳을 찾아 헤매며 뛰어다녔고 배가 고프면 나무 열매를 따먹었던 그 자체가 스릴 있었던 놀이로 기억되고 있습니다.

❋❋❋ 놀이마당 101 장님 놀이

어릴 적에는 동냥하러 오는 거지도 많았었고 지나가는 꿀 장수나 동백기름과 참빗을 파는 사람, 그릇장수 등 보따리장수들이 재워달라는 적도 많았습니다.
해마다 오셔서 꿀을 파시는 아주머니께서는 제가 고등학교 때 며느리를 삼고 싶다고 하신 뒤로 뵙지 못했습니다.

우리 엄마는 거절을 못 하셔서 항상 우리 집에는 친척들뿐만 아니라 객식구들이 들끓었습니다. 덕분에 저는 엄마 음식 만드는 일을 도와드리거나 심부름을 했으며 우리 집에 잠시 머무는 그분들께 말동무라도 되어 드리고 청소를 해야 하는 제 삶은 또래 친구들에 비해 많이 힘들었습니다.

엄마는 큰 기와집에 살던 때의 습관대로 하셨겠지만 가세가 기울어 별로 크지 않은 집에 살면서 사람 사는 집에 사람들이 오는 것은 좋은 일이라며 거지도 함부로 대하지 않으시니 엄마의 뜻을 거역할 수도 없는 일이고 참고 따르는 수밖에 없었습니다.

부엌에서 밥상을 들어다 냄새나는 거지에게 갖다 주는 일도, 거지가 앉아서 밥을 먹었던 마당에 깐 멍석을 터는 일도 내 몫이고 밥그릇 설거지를 넘어선 소독하는 일도 내 몫이니 유난히 냄새에 민감한 저로서는 고역일 수밖에 없었습니다.

넉넉하지 못한 살림 속에서 물질적으로나 정신적으로 누군가에게 베푸신 삶을 살아오신 엄마를 지금은 대단하시다고 생각하지만, 그 베푸는 삶 뒤에는 항상 저를 앞세워서 심부름을 시키시거나 노동 등으로 제 공부 시간을 빼앗고 제 방을 다른 사람에게 양보해야 하는 등 그때는 정말 이해하기 힘들었던 부분이었습니다.

이런 우리 엄마는 아랫마을에 살다 윗마을로 이사 오셨으니 가까운 친척이나 지인들은 거의 아랫마을에 사셨으므로 밤이면 저를 앞세우고 아랫마을로 일을 보러 가시거나 놀러 다니셨습니다.

밤늦게 집으로 돌아올 때는 시멘트 길이 아닌 단거리의 샛길로 걸어오는데 대부분 밭둑 길이라 울퉁불퉁한 흙길이었습니다.

엄마께서는 밤눈이 어둡다고 하시면서 저를 앞세우시고 손을 잡으셨습니다. 저는 앞에 돌멩이가 있고 여기는 물이 고여 있으며, 이곳은 미끄럽고 바닥에 나뭇가지가 있으니 조심하시라는 실시간 생중계를 하면서 엄마와 밤길을 걸었습니다.

엄마와 손을 잡고 밤길을 걸었을 때 엄마는 지금 앞 못 보는 장

경험 놀이마당

님이나 마찬가지라는 생각을 했었기에 실시간 밤길을 생중계했던 것입니다. 이렇게 엄마와의 장님 놀이는 여러 번 계속되었었고 집 택호를 모두 익히고 안면을 튼 뒤로는, 나중에는 저 혼자 심부름을 다니게 되었습니다.

엄마와의 장님 놀이는 동생과 함께 집안에서 시작되었습니다. 천으로 눈을 가리고 손뼉을 치면서 따라오도록 유도하는 놀이로 둘이서 이방 저 방을 옮겨 다니면서 재미있게 장님 놀이를 했습니다.

동생과 둘이서 하는 장님 놀이가 익숙해져서 눈을 감고도 이방 저 방을 왔다 갔다 할 수 있을 정도가 되자 재미없었기에 마당에 나가 동네 아이들과 장님 놀이를 했습니다.

술래가 되어 눈을 가리면 여러 사람이 사방에서 한꺼번에 박수를 치는 소리에 마음이 산란해지고 정신이 없지만 더듬이처럼 손을 뻗어 위험을 감지하면서 공중에 두 팔을 허우적대며 웃음소리나 발소리를 따라가서 한 사람을 잡았습니다.

나중에는 요령이 생겨 눈에 손수건을 가리기 전에 잡을 사람의 위치를 미리 파악해 놓고서, 눈을 가리자마자 재빠르게 직진해 뛰어가서 잡기도 했습니다. 이렇게 장님 놀이처럼 놀이는 생활 속의 연장으로 생성된다는 것도 우리는 알 수 있습니다.

❀❀❀ 놀이마당 102 고무찰흙 어항 만들기 놀이

고무찰흙을 어린이들에게 나누어 주고 주무르라고 합니다. 꾹 꾹 종이 찰흙을 주무르면 촉감 놀이와 함께 손가락의 힘도 길러지고 다양한 색의 찰흙 조각이 섞이면서 색감 놀이도 됩니다.

주물러서 눅눅해진 고무찰흙을 모아 빚어서 적당한 크기의 어항을 만들었습니다. 고무찰흙 어항의 바닥과 옆면에 투명비닐을 깔고 수초와 돌로 어항을 꾸미는 어항 만들기 놀이는 좋은 협동 놀이가 되었습니다.

쉽게 어항을 살 수도 있겠지만 미처 생각하지 못했던 재료로 함께 만들어서 사용하는 협동심과 성취감을 느낄 수 있는 놀이도 좋은 놀이에 해당합니다.

예쁘게 꾸민 고무찰흙 어항에 물을 붓고 올챙이를 키우면서 관찰하면 개구리의 뒷다리와 앞다리가 나오는 것을 아주 가까이에서 관찰할 수 있었습니다.

올챙이의 먹이는 삶은 달걀노른자를 말린 가루와 말린 시금치 가루를 작은 통에 담아놓고 매일 조금씩 주면 잘 자랍니다.

유아들의 조작 활동이나 생태관찰 놀이에 좋으며 초등학교 저학년 어린이들은 관찰 일기나 동시를 쓰도록 하면 살아 있는 좋은 글들이 많이 나옵니다.

아름답고 예쁘게 만드는 것도 좋지만 튼튼하게 만드는 것을 가장 기본적으로 생각하도록 유도하는 것도 어항 만들기 놀이에서 강조할 점입니다.

또한 어항은 유리로 만든다는 고정관념을 버리고 물이 새지 않는 재료는 무엇이든 인체에 해롭지만 않으면 어항을 만들 수 있는 재료가 될 수 있다는 것을 고무찰흙을 이용한 어항 만들기 놀이를 통해 이해함으로써 앞으로도 놀이를 통해 사고의 다양성을 기를 수 있게 될 것입니다.

♣♣♣ 놀이마당 103 세발자전거

어릴 적 작은 외삼촌 댁의 조카들과 세발자전거를 타고 놀았던 경험이 있습니다. 유난히 열심히 세발자전거를 타고 달리던 철웅이 조카는 광역버스 운전기사를 하고 있어, 굴러다니는 바퀴를 좋아하더니 직업도 비슷한 직종을 갖고 살고 있다는 생각이 들었습니다.

자전거와의 인연이 없는지 아직도 저는 대로에서 자전거를 타지 못하고 있습니다. 다른 운동을 모두 좋아하는 편인 제가 자전거를 못 탄다고 하면 지인들은 믿지 않는 눈치입니다.

어릴 적에 신작로 건너 길가에 사시는 노 선생님 댁 아주머니께서 교통사고로 돌아가셨고, 자전거를 타고 가시다 교통사고를 당한 어떤 시체의 내장이 터져 흘러나온 상태를 목격한 이후로

이 신작로를 걷거나 건널 때면 항상 마음이 편하지 않았습니다. 그러니 자전거를 타고 대로변을 달리는 상상만 할 뿐 엄두를 내지 못했었습니다.

여고 시절 아무도 없는 운동장에서 딱 한 번 자전거 타는 법을 배운 적이 있어 넓은 운동장에서는 탈 수 있지만 오직 거기까지뿐이며 누가 옆에 있기만 해도 불안해집니다.

중학교 다닐 때 집에 자전거가 있는데도 탈 수 없었으니 가끔 5킬로미터 거리의 하굣길을 걸어서 올 때마다 자전거를 타고 싶은 생각이 간절했지만 트라우마가 있어 어쩔 수가 없었습니다.

결혼을 해 분가해서도 자전거를 항상 준비해 두고 용기를 내고 싶었지만 출산 출근 등 형편이 여의치 않았으므로 배울 기회를 갖지 못해, 지금도 저의 로망 중의 하나가 자전거를 타고 공원을 달려보는 것입니다.

이렇게 제가 자전거를 타고 달리고 싶은 로망이 늘 있었으므로 두 아들에게는 발달 단계에 맞는 자전거를 열심히 제공해 주었습니다.

세발자전거부터 두 발 어린이 자전거, 성인 자전거까지 말하기 전에 사주며 통학을 시켰더니 작은아들은 자전거를 타고 한강까지 달려나가곤 했습니다.

서울로 전학 와서 진로에 대한 고민을 진지하게 할 무렵 자전

경험 놀이마당

거를 타고 올림픽공원에서 한강까지 달려나갔다 오는 것으로 사춘기 스트레스를 풀었던 것 같습니다.

　중3 7월 어느 날 한강까지 달려가 깊게 생각해 보고 결정했다면서 연기학원을 보내 달라기에 두말 않고 연기를 해보라고 했더니 능청스럽게 하라는 대로 다 하기는 하나 형편없기에, 자신의 마음을 표현하는 방법을 배워두면 좋겠다 싶어 허락했더니 예술고등학교 입학, 대학까지 예술 계통을 진학한 집넘의 사나이가 되었습니다.

　친구들과 자전거를 타고 신나게 한강까지 달려갔다 오는 기분을 저도 느껴보고 싶지만 지금은 시간은 허락하는데 코로나19로 인하여 어디론가 마음 놓고 달린다는 것이 쉬운 일이 아니므로 거실에서 열심히 운동기구 자전거 페달이나 밟아야겠습니다.

❀❀❀ 놀이마당 104 까꿍 놀이

갓 태어난 아기들은 눈을 뜨고 있을 때보다 눈을 감고 자는 시간이 더 많습니다. 까꿍 놀이는 영유아 놀이로써 어느 정도 자란 누워 있는 아기의 눈을 맞추고 웃으면서 "까꿍!" 하면 아기는 까꿍 소리에 반응하면서 활짝 웃습니다.

너무 어리기 때문에 작은 소리로 또는 조금 큰 소리로 까꿍 하면서 엄마의 사랑하는 마음을 눈으로 아기에게 전하기도 하고 아기의 눈의 초점이 제대로 맞는지의 반응을 알아보기 좋은 놀이입니다.

아기가 좀 더 자라면 이번에는 두 손으로 얼굴을 가렸다 얼굴의 좌우로 손을 비껴들거나 아래로 내리면서 까꿍 하면 아기가 까르르 웃으며 더욱 재미있어하는 까꿍 놀이가 될 수 있습니다.

머리 위에서 까꿍 하지 말고 눈을 쳐다보고 까꿍 소리를 내며 웃으면서 눈인사를 주고받으면서 교감을 느끼도록 합니다.

만일 아이와 놀아준 추억이 없었다면 지금이라도 놀이 기회를 만들어 보시기 바랍니다. 색다른 놀이 세계를 경험하게 될 것입니다.

비록 사소한 놀이일지라도 어떠한 놀이든 훗날 성인이 되어 자녀나 조카를 데리고 놀면서 놀이 경험이 유용하게 쓰였던 경험을 누구나 한 번쯤은 간직하고 있을 것입니다.

주변에 영유아가 없을 경우 가까운 어린이집이나 영유아원에 가서 봉사 활동을 통해서라도 맑고 사랑스런 영혼들과 눈을 맞추어 보시고 까꿍 놀이를 해보시기기 바랍니다.

까꿍 소리에 활짝 웃는 아기의 웃음소리와 티 없이 맑은 눈동자로 인해 당신의 영혼이 맑아짐을 느끼게 되실 겁니다.

❀ ❀ ❀ 놀이마당 105 쭉쭉이 놀이

쭉쭉이 놀이는 기저귀를 갈고 나서 두 발을 가지런히 모은 채 엄마가 두 손으로 무릎을 살짝살짝 자근자근 주물러주는 일종의 마사지 놀이입니다.

기저귀를 갈고 난 후 아기와 눈을 맞추며 허벅지부터 발목까지 부드럽게 마사지를 하면서 부모와 아기가 스킨십을 합니다.

축축했던 기저귀가 보송보송해지고 엄마가 "쭉쭉이 쭉쭉이." 하면서 자근자근 눌러주면 아기는 기분 좋게 까르르 웃습니다.

기저귀를 갈 때마다 조금씩 쭉쭉이 놀이를 해주면 되니 그리 힘들지 않을 뿐만 아니라 아무리 바빠도 적어도 하루에 서너 번 이상은 쭉쭉이 놀이를 할 수 있을 것입니다.

아기와 엄마의 스킨십 놀이를 통해 휘어진 다리가 아닌 매끈하게 뻗은 멋진 다리로 자랄 수만 있다면 영유아 놀이로 이보다 더 좋은 놀이가 있을는지 궁금해집니다.

♣ ♣ ♣ 놀이마당 106 짝짝 쿵

짝짝 쿵은 일종의 손뼉치기 놀이입니다. 아기와 눈을 맞추면서 짝짝 쿵 짝짝 쿵 손뼉을 치면 처음엔 물끄러미 바라보며 웃지만 반복되면 아기도 따라서 손뼉을 치게 되는 놀이입니다.

아기가 어느 정도 손뼉을 치게 되면 그다음 단계로 엄마가 아기와 멀리 떨어져서 손뼉을 치면서 짝짝 쿵 짝짝 쿵 하면 아기가 처음에는 바라만 보다가 점점 빨리 기어서 엄마에게로 다가올 것입니다.

아기가 스스로의 힘으로 기어서 엄마 품으로 달려오는 작은 기적을 경험하는 순간 더욱더 사랑스러운 잊지 못할 벅찬 감동이 몰려왔습니다.

처음에는 앉아서 짝짝 쿵을 하지만 흥에 겨워 앉아서 엉덩이까지 들썩이면서 짝짝 쿵을 하다가 나중에는 서서 무릎을 굴신거리며 짝짝 쿵을 하면서 온 가족에게 즐거움을 선사하기도 합니다.

걸음마 무렵에는 혼자 서서 음악의 리듬에 맞춰 엉덩이를 흔들며 춤을 추다 무릎을 굽히면서 손뼉을 치기도 하는 등 점점 발달된 아기의 행복한 몸짓을 보게 될 수 있습니다.

처음 놀이를 할 때 엄마가 천천히 시범을 보이면서 잼 잼, 곤지곤지, 도리도리, 짝짝 쿵을 각각 한 가지씩 반복해서 놀아줍니다.

아기와 눈을 맞추면서 점점 빨리 엄마 혼자서 놀며 시범을 보이다가 이번에는 아기를 무릎에 앉힌 채 손을 잡고 곤지곤지, 짝 짝 쿵을 해줍니다.

처음에는 아기가 무관심할 수도 있고 엄마의 행동을 보고 귀찮아하거나 웃기만 하다가 발달 정도에 따라서 다르긴 하지만 곧잘 따라 하게 되며 나중에는 혼자서 잼 잼 곤지곤지 도리도리 짝짝 쿵을 하면서 놀고 있을 것입니다.

이때 엄마의 표정이 밝고 웃는 행복한 모습으로 아기와 눈을 맞추는 것이 무엇보다도 중요합니다. 엄마가 행복해야 아기도 행복할 것입니다.

육아로 피곤하시겠지만 아기와 눈을 맞추면서 잼 잼, 곤지곤지, 도리도리, 짝짝 쿵을 하다 보면 어느새 우울함은 사라지고 아기의 환한 웃음과 재롱에 흠뻑 빠져서 행복한 미소를 짓고 계실 것입니다.

❧ ❧ ❧ 놀이마당 107 잼 잼

잼 잼, 곤지곤지, 도리도리, 짝짝 쿵은 동시에 하면서 이어서 놀면 더욱 좋은 영유아 놀이입니다.

주먹을 쥐었다 손바닥을 활짝 펼치는 활동을 반복하는 잼 잼 소리를 내면서 반복하면 아기도 같은 방법으로 따라 하는 놀이입니다.

처음에는 손가락을 활짝 펼치지 못하고 엉성하지만 시간이 흐를수록 반복회수가 늘어나면 손가락을 쫙 펼쳤다 접었다 할 수 있게 됩니다. 이러한 아기의 신체발달 모습을 놀이를 통해 하나하나 지켜보는 행복은 그 무엇과도 바꿀 수 없는 소중한 놀이 경험이 될 것입니다.

❧❧❧ 놀이마당 108 곤지곤지

곤지곤지는 다른 말로 송고 송고라고도 하며 왼손바닥을 활짝 펼치고 오른손은 주먹을 쥔 채 검지 손가락을 펴서 왼손바닥 가운데를 오른 검지 손가락으로 찌르면서 곤지곤지하면 아기도 따라서 흉내 내는 놀이입니다.

반대 손가락도 같은 방법으로 곤지곤지 반복하면서 놉니다. 아주 천천히 시작해서 보통 빠르기와 매우 빠르게 곤지곤지를 반복해서 놀아주면 처음에는 흉내만 낼뿐이지만 곧 손바닥 가운데를 제대로 찍을 것입니다.

관심을 갖고 아기의 놀이를 지켜보면 그 작고 가냘픈 손가락으로 무엇인가 움직이려는 모습이 더욱 사랑스럽고 그 순간이 더욱더 소중하게 느껴질 것입니다.

경험 놀이마당

❧❧❧ 놀이마당 109 도리도리

도리도리는 고개를 좌우로 돌리면서 입으로도 함께 도리도리 반복하면 아기도 따라서 흉내 내는 놀이입니다.

처음부터 도리도리를 완전하게 잘하지는 못하지만 고개를 조금이라도 흔들면 칭찬과 기쁨을 듬뿍 표현하시기 바랍니다. 아기는 다시 고개를 까딱이는 시도를 하게 될 것이며 점점 늘어 도리도리를 완전하게 해낼 것입니다.

아기 신체의 기본 발육이 정상적으로 발달되고 있는지의 여부를 판단할 수 있는 좋은 놀이로, 목을 제대로 가누지도 못하던 아기가 도리도리를 할 때의 그 감동을 저는 아직도 잊지 못합니다.

❧❧❧ 놀이마당 110 점프 놀이

아기의 겨드랑이 아래 몸체를 잡고 방바닥에 세우면 혼자서 위로 겅중겅중 뜁니다. 별다른 준비 없이 몸체만 잡아주면 아기는 지치지 않고 뛰는 놀이로 아기가 뛸 때 잘한다는 긍정적인 반응을 보여준다면 더욱 즐거운 놀이가 될 것입니다.

다리 힘을 길러주는데 좋은 놀이로서 정도의 차이는 있지만 꾸준히 지속적으로 놀아주면 첫돌 전에 걸을 수 있습니다. 아기를 놓치지 않도록 안전하게 잘 잡아주는 것이 매우 중요합니다.

❧❧❧ 놀이마당 111 따로따로 놀이

처음에 태어난 아기는 누워있으며 뒤집기를 하고 기어 다니다가 서서히 혼자 앉게 되고 무엇인가를 잡고 일어서다가 스스로 혼자 서는 과정의 단계가 있습니다.

지금은 보행기를 태우면 끌고 다니면서 혼자 서는 발힘을 기르지만 어느 정도의 발힘이 생겼는지 알 수 있는 방법으로 무릎에 앉혀놓고 놀던 아기를 세워 한 손으로 등을 감싸 안고 한 팔을 앞으로 뻗어 손바닥 위에 아기 발을 올려놓고 '따로 따로'라고 말합니다.

손바닥 위에 아기의 발이 어느 정도 힘을 받으며 꼿꼿하게 선다는 느낌이 들면 지속적으로 따로 따로 놀이를 합니다.

방구석 직각 모서리에 아기를 세워두고 '따로 따로'를 해보면 처음에는 펄썩(털썩이나 탈싹과 다른 어감의 신조어) 주저앉으나 양쪽에 벽이 있기 때문에 안전하게 혼자 서는 연습을 할 수 있게 됩니다. 차차 1~2초, 3~4초 등 점점 오래 서 있을 수 있습니다.

다음은 그냥 한쪽 벽면에서 그리고 방 한가운데 혼자 세워두고 '따로 따로'를 하면서 단계를 높이면 좋습니다. 나중에는 엄마나 아빠 손바닥 위에서 '따로 따로'를 하면서 혼자 설 수 있는 묘기를 펼치기도 합니다.

이 따로 따로 놀이는 아기 놀이로써 일종의 동작 훈련이라고 할 수 있습니다.

경험 놀이마당

아기의 첫 공놀이는 아기가 앉아 있는 앞으로 작은 공을 또르르 굴려 주거나 또는 다른 곳으로 굴려줍니다. 처음에 아기는 공이 굴러오는 것을 바라보기만 하거나 공이 굴러가는 쪽을 따라서 기어갑니다.

다음에는 크고 작은 공을 한손 또는 두 손으로 잡는 놀이도 합니다. 공을 아기 손에 쥐여주면 아기는 무엇이든 입으로 갖고 가는 버릇이 있기 때문에 공을 만든 소재에 특히 민감하게 신경을 써야 합니다.

다음은 공을 바닥에 놓고 집는 놀이입니다. 공을 조금씩 멀리 놓으면 팔을 뻗어 잡기도 하고 다가가 공을 집을 것입니다. 서서히 공을 아기 앞으로 천천히 굴려주어 아기가 굴러오는 공을 잡도록 놀아줍니다. 아기가 걷기 시작하면 공을 주고 할머니 언니에게 혹은 동생에게 갖다 드리라고 하면 공을 들고 왔다 갔다 하면서 공놀이를 통한 심부름을 배우게 됩니다. 이때 가족들은 아낌없이 칭찬해 주도록 합니다.

서로 마주 앉아 공을 굴리면서 주고받는 놀이도 있고 셋 넷이서 서로 공을 굴려 주고받기도 합니다.

다음은 공을 머리 위에서 두 손으로 던지기도 하고 발로 차보기도 하면서 우리 아이가 전조작기에 해당되는지 구체적 조작기에 해당되는지 함께 놀면서 알아보는 것도 좋은 놀이시간이 될 것입니다.

❣❣❣ 놀이마당 113 공차기

동물의 오줌보에 바람을 넣어 찼다는 공의 역사를 보더라도 예나 지금이나 공을 차는 놀이는 모두 좋아 하는 것 같습니다.
아마 당시 여자 축구가 있었다면 저도 지금 축구선수가 되어 있었을 것 같습니다. 그 정도로 축구를 좋아했습니다.
학교 운동장에서 경란이, 경옥이랑 셋이서 유독 남자친구들과 공차기를 즐겼었습니다. 이 공차기는 누구나 즐기는 놀이이므로 더 이상 언급하지 않겠습니다.

둘째 아들이 축구선수가 되겠다고 했을 때 취미로 하라고 권유했던 이유도 공차기 놀이를 많이 해봤기에 확신을 가지고 조언을 할 수 있었습니다.
지금은 축구선수의 길을 말려준 것에 대해 감사해 하고 있으며 취미로 즐기고 있지만 농구, 배구, 야구도 있는데 유독 공차기를 좋아하는 것은 제 유전인자를 받았음이 증명된 것 같습니다.

먼저 손으로 재료의 감촉을 느껴보도록 한 다음 반죽을 손으로 갖고 놀다 마지막으로 맨발로 찰흙 위, 모래 위, 밀가루 반죽 위를 제자리걸음 하며 느껴보는 놀이입니다.

어릴 적 삶은 메주콩을 자루에 넣어 발로 밟아 메주 형태를 만들던 발바닥의 감촉을 잊을 수 없습니다. 삶은 메주콩을 자루에 넣어 밟으면 뜨거워서 양말을 두 켤레 겹쳐 신고 폴짝폴짝 뛰었습니다. 나중에는 더워서 양말을 벗고 맨발로 메주콩을 밟으면 뜨뜻하니 어리지만 막연하게 건강에도 좋겠다는 생각을 했습니다.

밟아 으깬 메주콩을 나무틀에 넣고 올라가 밟는 느낌도 참 좋았습니다.

엄마의 정성이 느껴져서 무엇인가 매우 중요한 일을 하고 있다는 느낌이 들었지만 노래를 부르며 삶은 메주콩을 먹으며 신나게 밟았던 발바닥과 손가락에 따스함이 느껴졌던 촉촉한 느낌의 촉감 놀이로 기억됩니다.

이를 착안해 밀가루 반죽이나 찰흙 모래 등으로 촉감 놀이를 하거나 호박죽을 쑤기 전에 삶은 호박으로 촉감 놀이를 어린이와 하면 좋을 것입니다.

1970년대 우리 집에는 나무로 짜서 맞춘 유리문이 달린 커다란 약장이 있었고 각종 소독약과 바셀린 및 의료용 집게, 가위, 붕대 등이 약장 안에 가득 들어 있었습니다.

물론 동네 어른들께서는 조금만 다쳐도 우리 집으로 달려오셨고 어머니께서 소독을 해드리고 나면 저는 연고를 발라드리곤 했습니다.

고학년이 되어 간혹 어머니께서 안 계실 때는 환자분의 성화에 못 견뎌 상처 난 곳을 제가 소독까지 해드려야만 했습니다.

이 약장 덕분에 우리 집은 하루에 서너 명씩은 꼭 마실 오시는 동네 사랑방 역할을 했으며 식사시간이 되어도 집으로 돌아가시지 않아 늘 객식구와 함께 식사하는 날이 다반사였습니다.

지금의 상식으로는 이해가 가지 않겠지만 그때는 그랬습니다. 그래서 저의 병원 놀이는 현실의 실제 생활에서의 병원 놀이가 될 수밖에 없었습니다. 덕분에 어려서부터 위생 개념을 빨리 알게 되었고 성인이 되어서도 평소에 건강관리를 잘하는 편이라 병원과는 친하지 않습니다.

제 병원 놀이의 환자분이셨던 마을 어른들이 거의 소천하시고 이젠 몇 분 남지 않으셨습니다. 다음에 친정 방문할 때는 그분들께 간식이라도 챙겨드려야겠습니다.

이 병원 놀이는 의사, 환자, 간호사의 역할 놀이로 가족들이 돌아가며 환자가 되어주고 말투까지 의사처럼 흉내를 내고 아픈척 하면 주사를 주고 약을 처방해 주는 등 지금의 병원 놀이와 비슷했으므로 더 이상의 설명이 필요 없을 것 같습니다.

❧❧❧ 놀이마당 116 말타기 놀이

어렸을 적 어머니께서 방을 닦으시면 달려가서 등위에 올라탔습니다. 너무 재미있어하니까 언니가 무릎과 두 팔을 땅에 대고 말을 태워주었습니다. 저 또한 동생에게 같은 방법으로 말을 태워주면서 재미있게 놀았던 추억이 있습니다.

말처럼 팔을 들고 허우적대며 히잉 히잉 소리 내면 동생이 더욱 재미있어했습니다. 동생이 좋아하면 저도 더욱 신이 나서 말이 되어 방바닥을 기어서 돌아다녔습니다.

지금은 장난감 말이 있어 언제든지 쉽게 장난감 말을 탈 수 있지만 1970년대 집에서 서로 말을 태워주며 끈끈한 자매의 정을 느꼈던 추억의 말타기 놀이를 생각하면서 언젠가는 우리 자매 마음껏 승마를 즐길 수 있는 날이 올 것이라고 생각합니다.

❦ ❦ ❦ 놀이마당 117 비행기 놀이

아빠가 누워서 두 발을 위로 들어 발바닥 위에 유아의 배를 올려놓고 두 손을 서로 잡은 후 무릎을 굽혔다 폈다 하면서 비행기를 태워줍니다.

처음에는 무서워 손을 잡고 타지만 유아가 자라 어린이가 되고 서로 신뢰가 쌓이게 되면 손을 놓고 배를 중심축으로 발바닥 위에서 큰대자로 엎드려 비행기 타기를 즐겼습니다.

비행기 놀이는 아기의 몸무게를 두 발로 지탱하기만 하면 누구나 비행기를 태워줄 수 있으며 초등학교 저학년도 재미있어하는 놀이입니다.

❦ ❦ ❦ 놀이마당 118 숫자 놀이

영유아들은 단추를 입에 넣을 수 있으므로 옷에 붙어 있는 단추를 하나둘 세어보기도 하고, 누리 반 어린이들 옷을 모두 합해서 단추의 수를 세어보는 놀이입니다.

집에서는 엄마, 아빠, 동생 옷 등에 있는 단추를 세어보면서 놀이를 통한 옷에 붙어 있는 단추의 크고 작음을 보면서 자연스럽게 '크다 작다'의 개념을 익힐 수 있는 놀이가 될 수 있습니다.

여기에 착안해서 다른 놀이들도 새로 만들어 창의적인 놀이 학습 활동을 전개하면 좋을 것입니다.

예를 들어 단추 모양이라든지 색깔, 단추의 질감 등을 직접 만져보면서 느껴보는 놀이도 있습니다.

❦❦❦ 놀이마당 119 말잇기 놀이

말 잇기 놀이는 가족여행을 가는 차 안에서 어린 자녀와 하면 지루하지 않고 낱말의 의미를 놀이로 이해할 수 있어서 좋습니다.

초등학교 1학년인 큰아들과 말잇기 놀이를 하면 세 살 아래 둘째는 가만히 듣고 있더니 어느새 살며시 끼어들어 아는 낱말을 말하고 있었습니다.

끝말잇기 놀이로 '리 리 리 자로 끝나는 말은 개나리 하늘나리 미나리 보따리 유리 항아리' 등 노래로 시작해서 '무 무 무 자로 끝나는 말은 소나무 잣나무 전나무 향나무 사철나무 쥐똥나무' 등 끝나는 말을 한 글자로 제시하고 말 잇기 놀이를 합니다.

이번에는 시작하는 말놀이로 '수 수 수 자로 시작된 말은 수영 수박 수리 수강 수경 수채화 수리취나물' 등 아는 말을 모두 동원하면서 말놀이를 하면 어휘력 향상에 좋습니다.

자동차를 타고 달리면서 창밖에 보이는 사물 이름을 대는 놀이도 재미있습니다. 손뼉을 치면서 "아이 엠 그라운드 사물 이름 대기." 하면 논, 밭, 산, 사람, 자전거, 나무, 파, 배추, 경운기, 돌, 소,

강아지 등 사물 이름을 대면서 계속 이어나가는 놀이입니다.

　다음은 한 낱말로 시작해 그 낱말의 끝을 받아서 다음 낱말을 대면 다시 그 낱말의 끝을 이어 계속적으로 말을 이어가는 놀이입니다.
　예를 들어 책받침으로 시작한다면 책받침, 침대, 대나무, 무궁화, 화병, 병원, 원장, 장미, 미용실, 실장 등으로 말을 이으면서 말잇기 놀이를 합니다. 앞에 나온 낱말을 반복하거나 이어서 낱말을 말하지 못하는 사람이 지는 놀이입니다.
　말 잇기 놀이는 어휘력이 풍부해져 자신의 생각을 표현하는 표현력도 길러지는 적극 추천하는 놀이입니다.

❦❦❦ 놀이마당 120 수수께끼 놀이

　한 발로 걸어 다니는 것은? 우산입니다. 그럼 세 발로 걸어 다니는 것은? 할머니의 지팡이 잡고 걷는 모습입니다. 머리 풀어헤치고 하늘로 올라가는 것은? 굴뚝의 연기입니다.

　상상력을 동원해서 수수께끼를 만들어 놀았습니다. 친구들과 파자마 파티할 때 잠들기 전에 누워서 해도 좋은 놀이일 것 같습니다.
　수수께기를 모은 책도 많지만 시대의 흐름에 맞는 수수께끼를 만들어 놀 수 있을 것입니다.

❣❣❣ 놀이마당 121 물체 잇기 놀이

큰아들이 태어나서 처음으로 놀이다운 놀이를 스스로 찾아서 하고 있다는 걸 느꼈던 때는 어느 날 싱크대를 열고 온갖 그릇들을 모두 끌어내 늘어놓고 냄비 뚜껑을 들고 노는 것을 보았을 때입니다. 그 후 어린이집을 보냈고 좀 더 자라 장난감도 사주었지만 이번에는 신발장에서 온 가족의 신발을 꺼내 한 줄로 연결해 늘어놓는 것을 보았습니다. 남자아이라 그런가 보다 생각했지만 둘째 아들을 키워보니 모두 그렇지만은 않은가 봅니다.

물체 잇기 놀이는 아들이 노는 모습을 보고 착안한 것으로 주변의 모든 사물을 하나로 길게 늘어놓고 이어주는 놀이입니다.

공간적 시간적 제한을 두기도 하고 공간 · 시간적 제한 없이도 놀이가 가능합니다.

신체에 있는 것만으로 잇기는 양말, 모자, 겉옷 등을 벗어 연결해서 가장 길게 이어서 연결한 팀에게 칭찬이나 보상을 줍니다.

같은 방법으로 교실에 있는 것만으로 잇기, 한 벽면에 있는 것만으로 잇기, 1분 동안 또는 2분 동안만 잇기 등의 방법으로 물체 잇기 놀이를 하면 성인들도 재미있지만 유아들에게는 길고 짧은 의미의 낱말을 이해하는데 좋은 놀이가 될 것입니다.

초등학교 2~3학년 어린이들의 소풍 놀이로도 재미있으며 순간적인 판단력이 필요한 놀이이기도 합니다.

❀❀❀ **놀이마당 122 시장에 쇼핑 갑시다 놀이**

"자 시장에 쇼핑갑니다. 과일 가게부터 가겠습니다."

모두 다음과 같이 합창을 합니다.

"시장에 쇼핑 갑시다. 시장에 쇼핑 갑시다. 무얼 드릴까요? 무얼 드릴까요?"

"사과, 복숭아, 딸기."

"자두, 수박, 참외."

"감, 포도, 홍시." 아무나 가리키면 과일 이름을 세 가지씩 대는 놀이입니다.

"다음은 생선가게로 가겠습니다."

"시장에 쇼핑 갑시다. 시장에 쇼핑 갑시다. 무얼 드릴까요? 무얼 드릴까요?"

"고등어, 참치, 오징어."

"갈치, 꽁치, 삼치."

"낙지, 가자미, 명태."

"연어, 옥돔, 광어."

의외로 어린이들이 생선 이름 말하기에 약합니다.

"다음은 옷가게로 가겠습니다."

"시장에 쇼핑 갑시다. 시장에 쇼핑 갑시다. 무얼 드릴까요? 무얼 드릴까요?"

"바지, 양말, 티셔츠."

"원피스, 투피스, 양복."

"조끼, 치마, 블라우스."

앞 친구가 말한 것은 피해야 하므로 일단 잘 들어야 하고 자기 차례가 오면 두근두근하겠지만 또박또박 리듬에 맞춰 생각했던 답을 말하다 보면 발표력과 자신감도 쑥쑥 늘어날 것입니다.

🍀🍀🍀 놀이마당 123 푸른 하늘 은하수

반달 노래에 맞추어 상대방과 호흡을 맞추며 손 유희를 하는 놀이입니다. 주로 친한 친구와 하는 놀이인데 하다 보면 더욱 친해지기도 합니다. 친구와 서로 손을 마주 잡고 흔들기도 하고 자기 손뼉을 치고 한 손으로 친구의 손등에 마주 대었다가 친구의 손바닥을 치고, 두 손을 서로 어긋나게 해서 친구의 손뼉을 치기도 하고, 높은 곳에서 손뼉을 내려치기도 하고 낮은 곳에서 손뼉을 받아치기도 하는 쿵짝이 잘 맞는 놀이입니다.

정해진 율동을 아는 노래에 맞춰 하는 놀이로 한 박자 또는 두 박자에 손뼉을 치므로 손뼉 소리가 흥을 돋우고 율동 동작이 점점 커지는 놀이입니다. 노래를 천천히 또는 매우 빠르게 부르면서 놀이를 변형해서 놀기도 했습니다.

❧ ❧ ❧ 놀이마당 124 노래자랑

　요즘 트롯 열풍이 불고 오디션 프로그램으로 각종 노래자랑이 개최되는 것을 볼 수 있습니다. 텔레비전의 각종 노래 관련 프로그램이 많아진 현상은 코로나 19로 전 국민이 힘들어하는 시기라 시대적인 위로가 필요하다는 판단으로 생각됩니다.

　1970년대는 유난히 노래를 많이 불렀던 것으로 기억되는데 새벽부터 마을회관 스피커에서 '새벽종이 울렸네 새아침이 밝았네…….' 새마을 노래가 울려 퍼지면서 하루가 시작되었습니다.
　낙산해수욕장에서 전국노래자랑이 개최되었고 라디오 방송국에서는 '누가누가 잘하나'라는 어린이프로그램이 있어 노래자랑을 촬영하러 우리 학교에 왔습니다.
　6학년 담임 선생님께서는 합창부를 뽑아서 노래 연습을 시켰고 노래자랑 촬영을 끝냈어도 각 학년에서는 오락시간마다 노래자랑을 했고 우리 담임 선생님께서는 교과서에 나오지 않는 동요를 많이 가르쳐 주시기도 했습니다.
　학년마다 교실에서는 오락시간에 한 사람씩 나가서 노래를 부르는 장기자랑인 노래자랑을 수시로 했으므로 노래는 생활 속에서 항상 흥얼거리는 놀이가 되었습니다.

　낙산해수욕장 해변에는 밤이면 삼삼오오 둘러앉아 기타를 치면서 노래 부르는 포크송이 유행이었고, 고등학생들은 전축을 틀어놓고 유행가에 맞춰 춤판이 벌어졌으며, 교회에서 대규모 부흥회를 솔밭으로 나와 찬송 소리가 울려 퍼지기도 하고, 솔밭에 행락객들이 관광차 한 대 정도의 인원이 동그랗게 둘러앉아 술 마시면서 춤추고 노래 부르는 취객 행위는 여기저기서 일상적으로 볼 수 있는 일이었으니 이만하면 전국적으로 노래를 많이 불렀다고 해도 과언이 아닐 것입니다.

우리 집에서도 틈만 나면 노래자랑이 벌어졌으며 친척이나 누군가가 오면 노래를 시켰습니다.

가장 기억에 남는 것은 초등학교 들어가기 전이었으며 꽃밭 옆 큰 바위 위에 누군가가 저를 올려놓고 노래를 시켰으며 "당신과 나 사이에 저 바다가 없었다면……." 저는 가수 남진의 '가슴 아프게'를 구성지게 불렀습니다.

전축에서 흘러나오는 노래를 따라 부르며 배웠었나 봅니다. 따로 배운 기억이 없고 그 후론 불러본 적이 없는데 지금도 그 노래 가사를 정확하게 알고 있으니 어릴 적 놀이의 효과는 정말 대단한 것 같습니다.

저는 아들에게 평소 하고 싶은 말을 자장가를 통해 전했습니다.

초등학교 입학을 해서 상을 타오면 보상으로 업어주고 자장가를 불러 주었습니다.

세 살 터울의 동생이 있었기에 투정도 부리지 못하고 항상 의젓한 형이 되어주는 모습이 기특하기도 했지만 마음 한구석이 늘 짠했습니다.

첫 상장을 받아 오던 날 일부러 아들 앞에서 기쁜 목소리로 케이크를 사오시라고 아빠한테 전화를 했습니다. 그리고 동생 앞에서 큰아들을 업어주면서 자장가를 불러주었습니다. 형을 업었는데 동생도 기분이 좋았는지 자장가에 맞춰 엉덩이를 실룩거리면서 혼자서 놀이방으로 들어갔습니다.

"자장자장 우리 아기 잘도 잔다."
"우리 아기는 상도 잘 타고 자장자장."

살며시 아들이 제 등에 얼굴을 묻었습니다.

"자장자장 우리 아기 잘도 잔다."
"우리 아기는 똥도 잘 싸고 자장자장."

"키 킥."

"우리 아기는 노래도 잘 부르고 자장자장."
"우리 아기는 심부름도 잘하고 자장자장."

제가 손으로 엉덩이를 톡톡 두드리고 나서 가만히 있었더니
발을 흔들며 "또 엄마 뭐예요?"

"자장자장 우리 아기 잘도 잔다."
"우리 아기는 그림도 잘 그리고 자장자장."
"우리 아기는 잠도 잘 자고 자장자장."
"우리 아기는 동생과 잘 놀아주고 자장자장."
"우리 아기는 할머니 말씀도 잘 듣고 자장자장."

"또 또또 엄마!"

"자장자장 우리 아기 잘도 잔다."
"우리 아기는 밥도 잘 먹고 자장자장."
"우리 아기는 반찬도 골고루 잘 먹고 자장자장."
"우리 아기는 말도 잘하고 자장자장."
"우리 아기는 정리도 잘하고 자장자장."

"자장자장 우리 아기 잘도 잔다."

"우리 아기는 레고 조립도 잘하고 자장자장."
"우리 아기는 우유도 잘 먹고 자장자장."
"우리 아기는 치즈도 잘 먹고 자장자장."
"우리 아기는 채소도 잘 먹고 자장자장."

"우리 아기는 당근도 잘 먹고 자장자장."
"우리 아기는 인사도 잘하고 자장자장."
"우리 아기는 준비물도 잘 챙기고 자장자장."
"우리 아기는 달리기도 잘하고 자장자장."
"우리 아기는 피아노도 잘 치고 자장자장."

칭찬은 고래도 춤추게 만든다더니 제 등에 업혀 자장가에 맞춰 다리를 흔들흔들하는 걸 보니 자장가를 즐기고 있는 것이 분명했습니다.

그렇게 초등학교 1학년 아들은 가끔 저에게 자장가를 부르게 하면서 자식 키우는 기쁨을 맘껏 누릴 수 있도록 해주었습니다.

엄마가 되어 자식을 업고 모든 것을 다 주어도 아깝지 않은 넉넉한 마음으로 자장가 부르는 모습, 이 자장가 놀이만큼 마음이 넉넉해지고 행복한 놀이가 또 있을까요?

하얀 카라를 단 교복을 입었던 여중·고 시절에는 책갈피에 예쁜 꽃잎이나 단풍잎 은행잎들을 넣어 말리는 놀이를 주로 혼자서 하며 놀았습니다.

이름 모를 들꽃들과 개나리, 진달래, 벚꽃, 아카시아 꽃, 나팔꽃, 메꽃, 키다리 꽃, 딸기 꽃, 복숭아꽃, 호박꽃, 봉숭아꽃, 도라지꽃, 꿀 풀, 다알리아 꽃잎, 무궁화 꽃잎을 말리고 사루비아 꽃은 가지 채로 말리기도 하고 족두리 꽃, 코스모스, 국화 등 말려도 되겠다 싶은 꽃이란 꽃은 모두 말려 보았습니다.

다양한 종류의 나뭇잎이 물드는 가을이면 가지각색의 낙엽들을 주워 책갈피에 넣어두기 위해 나무 밑을 떠나지 못하고 서성거렸습니다. 심지어는 작은 풀꽃일 경우 뿌리까지 깨끗하게 씻어서 신문지 사이에 꽃잎 줄기 뿌리를 멋있고 조화 있게 펼쳐놓고 덮은 후 그 위에 두꺼운 책을 올려놓고 말린 적도 있습니다.

습기가 많은 꽃이거나 잘 마르지 않으면 책갈피에 곰팡이가 피기도 하고 어떤 꽃잎은 너무 얇아 책갈피에 착 들러붙어 떨어지지 않아 애를 먹은 적도 있습니다.

그래서 주로 가을이나 겨울에 압화를 말리면 좋았지만 어린 시절은 봄부터 가을까지 자연적으로 피는 꽃을 주로 활용했으며 졸업식에나 학교 앞에서 파는 꽃다발을 볼 수 있을 정도로, 시골이라 돈을 주고 꽃을 산다는 생각을 하지 못했습니다.

지금도 일기장은 물론 사전 속에서 어쩌다 나온 나뭇잎을 보고 추억에 잠길 정도로 예쁜 식물만 있으면 말리는 취미가 있었습니다.

잘 말린 꽃잎은 편지 속에 넣어 보내기도 하고 집안의 모든 문에 새 문종이를 바르는 날 손잡이 부분에 꽃잎과 나뭇잎을 붙이고 문종이를 덮어 붙이면 멋있는 작품이 되기도 했습니다.

이렇게 만든 누른 꽃을 핀셋으로 부서지지 않게 집어 도화지에 구성한 대로 붙이면 세상에 둘도 없는 나만의 멋진 작품을 만들어 제 방에 걸어둘 수 있었습니다.

그러나 유리로 덮은 액자가 아닌 판넬에 붙여 걸었기 때문에 다른 사람들의 손을 타서 쉽게 부서졌으므로 공들인 만큼 그리 오래가지는 못했습니다.

이러한 꽃잎 말리기 놀이는 고등학교를 졸업하면서 자연스럽게 잊혀졌으며, 시간에 쫓기다 보니 마음의 여유가 없었는지 아니면 감성이 사라졌는지 꽃은 청소년기보다 더 많이 볼 수 있는 성년기였지만 이때 책으로 눌러 말린 압화는 한 장도 없습니다.

2021년 어느 날 TV에서 나오는 압화로 만든 멋진 액자나 소품들을 보면서 그 옛날의 감수성이 스멀스멀 기어 올라오는 중년 아줌마는 몇 번이나 망설이다가 압화 대신 계속해서 살아 있는 식물들과 함께 놀기로 굳게 마음먹었답니다.

경험 놀이마당

♣ ♣ ♣ 놀이마당 127 대장공 놀이

교사가 되어 선생님들끼리 친목 도모를 위한 야유회도 가고 현장체험 학습이나 각종 연수 모임 동창회 등에서 등산을 하거나 여행 노래방 가기 등 어쩌다 축하와 위로, 화합과 격려 차원에서 함께 놀 수 있는 기회가 있었습니다.

교직원 모임인 화락회에서 체육대회나 윷놀이 등도 했는데 그중 가장 기억에 남는 놀이가 대장공 놀이입니다.

대장공 놀이는 매우 과격한 운동이자 놀이라 할 수 있으며, 두 팀으로 나누어 골키퍼를 정한 뒤 각 팀에서 각자 자기편 골키퍼에게 공을 패스해 주어 받거나 달려가 공을 직접 전달해 주면 점수가 올라가는 놀이입니다.

공격하는 팀이 자기편 골키퍼에게 공을 전달하는 과정에서 공을 들고 무제한 적으로 마음껏 뛸 수 있으므로 수비 팀의 저지가 만만치 않았습니다.

규칙도 정하기 나름이므로 규칙이 적으면 적을수록 대장공 놀이는 과격해질 수밖에 없으므로 적어도 상대방을 꼬집고 때리거나 옷을 잡아당기지 않는다는 규칙은 정해야 합니다.

일정한 놀이시간을 정해서 골키퍼를 의자 위에 올려 공간에 제한을 두는 방법과 골키퍼가 경기장 좌우로 오갈 수 있는 일정한 공간을 허용하는 방법도 있는데 후자의 대장공 놀이가 더 박진감이 넘칩니다.

　여선생님들이 우르르 우르르 여기저기 몰려다니면서 농구공을 쫓아 달리는데 공을 빼앗으려고 수단과 방법을 가리지 않고 온갖 방법을 동원하기도 하고 또 빼앗기지 않으려고 공을 감싸고 발버둥 치는 가운데 넘어지고 자빠지고 이런 어른들의 아비규환은 태어나서 처음 본지라 평생 놀아본 경험 놀이 중에서 가장 기억에 남는 놀이가 대장공 놀이입니다.

　평소에 요조숙녀였던 옆 반 선생님께서, 그렇게 품위 있던 3반 선생님께서, 멋쟁이 5학년 선생님과 또 다른 화장을 곱게 하신 여선생님께서 머리카락이 헝클어지고 안경이 깨지고 단추가 떨어져 찾고 있는 모습을 보면 웃음을 더 이상 참지 못하고 터트리게 됩니다.
　게다가 물을 모두 빼버린 학교 수영장이 경기장이었으니 경기 관람자들은 위에서 아래를 내려다보며 이 광경을 한꺼번에 목격했으니, 경기자도 관람자도 동시에 웃음이 빵 터질 수밖에 없었습니다.

　소리가 울리는 수영장이라 웃음소리도 울려서 들렸겠지만 저 또한 박장대소라는 것을 처음 경험해 보았고, 그렇게 크게 사람들의 웃음소리를 들어본 적도 처음이자 마지막이었던 대장공 놀이는 영원한 추억의 재미있는 베스트 놀이로 기억합니다.

책 놀이란 말 그대로 책과 함께 노는 놀이입니다. 처음에는 책과 친해지기 위한 단순한 놀이로 시작해 나중에는 그림책도 만들고 만화책도 만들고 개인 문집, 학급문집도 만드는 놀이입니다.

가장 먼저 기억이 나는 책 놀이는 바람에 책장이 넘어가면서 나는 소리와 책장이 한 장 한 장 순식간에 파르르 넘어가는 모습을 어느 날 우연히 보았을 때 너무 신기해서 자꾸만 다시 보고 싶었습니다.

강원도 양양은 봄이면 바닷바람과 높새바람으로 유명한 곳입니다. 옛말에 원통과 인제는 눈이 많이 내리고 강릉과 양양은 바람이 강하다는 원인설강양풍으로 설명되었을 정도로 바람이 심했으므로 마루에서 숙제하다 펼쳐 놓은 책이 바람에 휘리릭 넘겨지는 현상을 어쩌다 볼 수 있었습니다.

이러한 현상을 보고 동생과 책 넘기기 놀이를 만들어 놀았습니다. 책 한 권만 가지고 엄지손가락이나 검지 손가락 등에 침을 딱 한 번만 묻혀서 책장을 넘기는 놀이인데 한 번에 한 장씩만 넘겨야지 두 장이나 세 장이 한꺼번에 넘겨지면 멈춰야 하며 같은 방법으로 상대가 놀고 난 후에 책장을 많이 넘긴 사람이 이기는 놀이입니다.

이러한 놀이 경험들은 교사가 되어 시험지를 나누어 줄 때 능숙하게 모둠별로 빨리 셀 수 있어 편했습니다.

　그다음은 동생과 어깨동무나 잡지 같은 책을 들고 덮었다가 아무 지면이나 펼쳐서 사람이나 동물 꽃 등의 개수가 많이 나오는 사람이 이기는 놀이를 했습니다. 이 놀이는 매우 쉬운 방법으로 주변 사물에 대한 관심을 갖게 하고 많고 적음의 개념을 흥미 있게 접근할 수 있는 놀이라 할 수 있습니다.
　아니면 똑같은 매수의 두꺼운 책 두 권을 갖고, 가위바위보를 해서 이기는 사람의 책을 가위는 넉 장, 바위는 스무 장, 보는 열 장을 넘기는 책장 넘기기 놀이를 했습니다. 이러한 방법으로 먼저 책장을 끝까지 넘기는 사람이 이기는 놀이입니다.

　이 놀이는 어린이가 쉽게 분류와 많고 적음을 이해할 수 있으며 얇은 책장을 한 장 한 장 넘겨야 하는 조작적 활동으로 손끝의 미세한 감각을 느낄 수 있는 놀이입니다.
　손끝을 자극하면 두뇌발달에 좋다고 하는데 책장 넘기기 놀이를 통해 어쩌면 우리들 두뇌가 조금이라도 발달되었을 수도 있겠다는 생각이 들어 혼자서 빙그레 웃었습니다.

　다음은 한 권의 동화책을 서로 번갈아 가며 소리 내어 읽는 놀이가 있습니다. 이 소리 내어 읽기 놀이가 지루해지면 한 사람이 읽다가 틀리는 곳을 바로 이어 뺏어 읽기 놀이를 했습니다.
　동화책에 나오는 인물이나 동물의 흉내를 내는 놀이도 하고 한 권의 동화책을 누가 더 빨리 읽기 내기 놀이도 했습니다. 그러다 보면 한 권의 동화책을 읽고 나서 책을 덮고 줄 줄 줄 쉽게 책 내용에 대한 이야기를 들려주는 놀이가 되었습니다.

나중에는 어디서 전해 들은 옛날이야기나 자기가 상상하고 만든 이야기를 들려주기도 했습니다.

이러한 책 읽기 놀이는 한글을 빨리 체득하게 되고 놀이로 쉽게 독서를 즐길 수 있는 권장할 만한 놀이라고 생각합니다.

좀 더 확장된 책 놀이의 추억으로 저녁밥을 일찍 먹고 큰댁에 가서 큰어머니께서 읽어주시는 고전을 듣는 날은 무척 행복했습니다.

그 날은 오고 가는 길에 엄마 손을 꼭 잡고 걸을 수 있어 온전히 나만을 위한 엄마를 느낄 수 있었으며 큰어머니께서 준비해 주시는 맛있는 간식도 푸짐하게 먹을 수 있어서 더욱 좋았던 추억 놀이인 것 같습니다.

또 어린 시절에는 헌책으로 엿을 바꿔 먹을 수도 있었습니다. 마을에 어쩌다 엿장수가 나타나면 마을 아이들이 우르르 쫄래쫄래 엿장수를 따라다니지만 막상 엿을 사먹는 아이들은 별로 없었습니다.

엿장수는 책도 받는다고 소리 지르지만 헌책이라도 귀한 시절이라 책을 불쏘시개로 쓰기도 하고 헌책을 물려받아 공부했으니 엿 사먹을 책이 어디 남아 있겠습니까.

헌책을 화장실에 갖다 놓고 한 장씩 찢어 휴지 대신 쓰기도 했으므로 어쩌다 누가 갖다 놓았는지도 모르는 신문이나 문고판 등이 있어 그 책을 읽으면서 집중하다 보면 푸세식 화장실의 냄새나는 고역을 잠시 잊을 수 있었으며, 심지어는 화장실에 쭈그리고 앉아서 잡지 한 권을 모두 읽었던 기억도 납니다.

책 놀이하면 빠질 수 없는 것이 책을 찢어 종이로 딱지를 접어 딱지치기 놀이를 친구들과 많이 했습니다. 딱지치기를 잘했던 저는 딱지를 따면 풀어서 책 내용을 찾아 읽는 것도 재미있었던 추억입니다.
그리고 책을 머리에 얹고 바르게 걷기 놀이도 했습니다. 책이 떨어지지 않게 걸으려면 고개를 바르게 들어야 하기 때문에 이러한 놀이는 많은 사람들 앞에 섰을 때 기죽지 않고 당당한 모습을 유지하는 데 도움이 된 것 같습니다.

다음은 큰아들이 좋아했던 놀이로 책을 이용해서 귀퉁이에 그림을 그려 넣어 움직이는 단순한 만화 영화 놀이를 할 수 있습니다.
책 귀퉁이에 사람이나 동물 등 사물의 그림을 먼저 그리고 다음 장에는 조금씩 조금씩 움직이는 장면을 연속해서 나누어 그린 후 책 귀퉁이를 앞에서부터 뒤쪽으로 촤르륵 넘기면 마치 움직이는 것처럼 보이는 놀이입니다.

책장을 넘기는 속도를 조절하여 걷기의 속도 등 다양한 표현

경험 놀이마당

효과를 얻을 수 있습니다. 즉 사람이나 동물이 걷거나 뛰는 것처럼 보이기도 하고 이전 장과 다음 장을 연속해서 똑같이 그리면 정지해 있는 장면을 표현할 수 있었습니다.

좀 더 자세하게 설명하면 책 두께가 200페이지 정도면 충분히 즐길 수 있습니다. 책장 한 장 한 장이 프레임의 개념으로 예를 들어 발차기하는 동작을 표현하려고 한다면 첫 페이지에는 지면에 발이 붙어 있는 장면부터 그리기 시작하여 다음 페이지부터 점차 발을 뻗는 동작을 페이지마다 조금씩 그려나가면 됩니다. 이전 페이지와 다음 페이지의 동작이나 모션 간격이 좁을수록 완성했을 때 부드럽게 이어지므로 노력과 시간을 많이 투자해서 그리면 그릴수록 더 좋은 연결 동작이 자연스럽게 표현됩니다.

제가 초등학교 다닐 때 항상 인형이나 인형 옷들을 그렸듯이 큰아들도 그 무렵 책이나 교과서 수첩 끝에 작은 그림들이 항상 지저분하게 그려져 있어 좋은 놀이인 줄 알면서도 잔소리를 한 적이 있습니다.

이 만화 영화 제작 놀이는 애니메이션 제작의 원리를 체험해볼 수 있는 창의적인 놀이이며 마치 자신이 영화감독이나 만화 감독이 된 것 같은 성취감을 느낄 수 있는 놀이입니다.

이렇게 잘 놀면서 자기 주도 놀이를 하고 자란 어린이는 자기 주도 학습을 자연스럽게 하게 되고 더 나아가 자기 주도적인 삶을 살아갈 수 있다고 말할 수 있습니다.

그러니 부모님이나 교사는 놀아주려고 애쓰지 않아도 되고 못 놀아준다고 미안해하지 않아도 됩니다.

다만 방치하지 말고 꾸준히 관심을 갖고 지켜봐 주고 격려와 칭찬을 아끼지 말아야 하며 내가 아이를 사랑하고 있다는 것이 중요한 것이 아니라 어린이가 사랑받고 있다는 감정을 느낄 수 있도록 해주거나 함께 노는 것이 좋은 놀이입니다.

경험한 바에 의하면 이렇게 잘 노는 것만큼 생산적인 일은 없다고 생각합니다. 잘 노는 데 책하고 친하게 잘 놀고 나면 금상첨화이겠지요.

무조건 생각 없이 잘 놀고 나면 무엇인가 하고 싶어지고 다시 적극적으로 심경의 변화가 일어나는 것을 여러분들도 경험해 보셨을 것입니다.

저자의 경우 어릴 적 무척이나 잘 놀았던 경험이 원동력이 되어 청소년기와 성인기는 물론 중년기까지 그 누구보다도 열정적으로 살 수 있었습니다.

이제는 갱년기인지 놀이로 만든 에너지가 모두 고갈되고 소진되었는지 삶이 재미없고 무기력해지고 힘들어 다시 잘 놀아야겠다는 쉽지 않은 결심을 하고 눈 딱 감고 잠시 인생의 쉼표를 찍었습니다.

제가 살면서 제일 잘한 것이 두 아들 낳은 것이고 두 번째로 잘

경험 놀이마당

한 일이 지천명에 잠시 경제 활동을 멈추고 의식적으로 푹 쉬면서 잘 놀았다는 것입니다.

놀 명 놀 명 책을 뒤적이기도 하고 놀면서 책장 정리를 하면서 버릴 건 버리고 쉬면서 책을 읽다가 멀리 밀쳐 두고 놀다가 심심하면 다시 책을 들고 생각에 잠기기도 하고 명 때리기도 하면서 추억을 곱씹다가 이렇게 책을 집필하기도 하니 잘 노는 것만큼 생산적인 일은 없다는 제 주장에 공감하실 겁니다.

요한 하위징아가 쓰고 김윤수(1993.P.7)가 번역한 놀이와 문화에 관한 한 연구인 《호모 루덴스》라는 책에서 사람을 생각하는 인간, 만드는 인간, 놀이하는 인간으로 구분했습니다.

여기서 저는 이 세 가지 구분을 이렇게 생각하고 해석했습니다. 어떤 이는 생각을 잘하고 어떤 이는 만드는 걸 잘하고 또 어떤 이는 잘 노는 사람으로 구분된다면, 이 세 가지 모두 균형 있게 분배하며 살 수 있는 사람이야말로 자신의 삶에 비교적 만족하는 행복한 삶이지 않을까 싶었습니다.

하위징아의 주장대로라면 그렇게 살아보려고 무던히 애쓰지 않아도 사람이면 누구나 저절로 그렇게 살 수 있을 것으로 해석할 수 있었습니다.

이렇게 단순한 사고로 접근하자 행복이라는 단어가 그렇게 멀리 있는 것도 아니며, 막연하기만 했던 행복이라는 말이 좀 더 명확하게 제게 다가오는 것을 느낄 수 있었습니다.

그동안 살아온 제 삶을 조명해 보았더니 정말 그랬습니다. 어렸을 때는 자유시간 대부분을 무조건 자연 속에서 뛰어놀며 소비했으니 놀이하는 인간이었으며, 성년이 되어서부터는 잘 가르치기 위해서 대부분의 시간을 배우고 고민하는 데 썼으니 생각하는 인간이었으며, 코로나 사태 이후부터는 실내에 틀어박혀 반려식물과 놀면서 《식물에게 배우다》《놀이로 배우다》《자연에서 배우다》를 쓰고 있으니 만드는 인간으로 살고 있는 것이 분명합니다.

그렇다면 남은 인생은 어떻게 살아가야 할 것인지에 대한 질문의 답도 저절로 도출할 수 있겠다는 생각이 들었습니다.

놀이하는 인간으로도 살아 봤고 생각하는 인간으로도 살아보았으며 현재 만드는 인간으로 살고 있으니 앞으로는 고민할 것도 없이 이 세 가지로 구분된 각각의 인간형을 종합해서 남은 시간을 잘 안배해서 살면 좋겠다는 결론에 이르렀습니다.

생각하면서 만들고 만들면서 생각하고, 놀면서 생각하고 생각하면서 놀며, 놀이를 위해 도구를 만들고, 도구를 만들면서 노는 것이 사람이기 때문에 놀면서 생각하고 만드는 것이 동시에 진행되는 것이 사람의 특성이라고 저는 해석했습니다.

우리가 잘 놀 줄 알고 생각할 수 있고 만들 줄 아는 만큼, 좋은 생각을 기반으로 잘 만들어서 잘 놀면서 잘 살아갈 수 있다면 삶의 바람직한 방향으로 희망적인 미래 설계가 될 것 같은 좋은 예감이 듭니다.

앞으로도 놀 때는 확실하게 잘 놀고 쉴 때는 잘 쉬는 여가생활에 좀 더 비중을 두어야겠다는 생각을 해봅니다. 그래야 더 생산적이고 열정적인 활동을 기대할 수 있을 테니까 말입니다.

놀이를 하고 생각하면서 무엇인가 만드는 성과물이 있어 만족을 느끼면서 살 수 있다면 사람답게 사는 행복한 사람이라고 할 수 있겠다는 결론에 도달합니다.

하위징아의 이론을 제 방식대로 마음대로 해석하고 내린 결론은 결국 놀이로 접근하면 사람은 행복해질 수 있고, 행복할 수 있다고 생각되므로 무조건 사람답게 매우 잘 놀아야겠습니다.

❀❀❀ 놀이마당 129 관람 스포츠

스포츠광인 둘째 아들이 신병 위로 휴가 나와서 꼭 하고 싶은 일이 엄마랑 함께 성남시 축구 홈경기를 함께 보는 것이라고 해서 마지못해 따라갔습니다. 성남종합운동장에서 앞뒤 옆까지 의자를 두 칸씩 비운 간격으로 떨어져 앉아 마스크 쓰고 홈팀에서 나누어준 깃발을 흔들며 축구경기를 관람하는 진풍경을 체험하고 돌아오는 길에 옛 추억이 주마등처럼 떠올랐습니다.

1970년대는 권투 중계가 많았습니다. 어디로 보나 요조숙녀 같으신, 여자 여자인 우리 엄마는 의외로 권투를 좋아하셨습니다.

어머니께서 응원하던 선수가 경기에서 이기면 저는 콜라나 사이다를 사러 가는 즐거운 심부름을 하곤 했습니다.

외국에 나가서 권투시합을 하는 우리나라 선수를 응원하는 것은 당연한 일이었지만 동생과 저는 귀한 콜라나 사이다를 마실수 있다는 기대가 더 즐거운 중계방송이었습니다.

축구 레슬링 등의 중계방송을 보면서 애국심이 불타오르고 어린 마음에도 일본, 북한과의 경기에서는 무조건 이겨야 한다는 정신으로 무장된 채 경기를 지켜보며 가슴 졸이던 그때의 모습을 떠올리면서 현재의 저를 좀 더 이해할 수 있게 되었습니다.

물론 그때나 지금이나 세계 여러 나라와 북한과의 경기에서는 망설임 없이 북한을 응원하면서 한민족이라는 것이 이런 것임을 관람스포츠를 통해 배우고 느꼈습니다.

생각해 보니 어머니께서는 조선 시대 안방마님 같은 분이셨지만 영화 관람이나 서커스공연 관람은 물론 관람 스포츠까지 무척이나 즐기셨고 아버지께서는 대학 시절 육상선수이셨으니 우리 육 남매가 운동을 잘하거나 좋아하는 것은 타고난 유전인자의 결과라는 것이 명확해졌습니다.

덕분에 저도 엄마가 되어 어린 두 아들 손잡고 농구 홈경기 관람이나 발레 공연 감상 기회를 만들어 주기 위해 티켓 예매를 열심히 했으며 제 시간이 나지 않을 땐 아빠와 축구 원정경기를 보러 갈 수 있도록 챙길 만큼 관람 스포츠를 좋아하는 어른이 되었

경험 놀이마당

습니다.

또한 이렇게 저는 《놀이로 배우다》를 쓸 만큼 잘 놀고 많이 놀아본 적극적이고 활동적인 아이였다는 또 하나의 사실을 통해 지금도 새롭게 제 자신에 대해 좀 더 알아가는 중입니다.

막연히 암울하다고 느꼈던 어린 시절이 놀이 하나하나의 경험들을 떠올리는 순간, 밝고 활기찬 어린 시절로 바뀌어졌고 밑바닥이었던 자존감이 경중경중 뛰어놀던 놀이와 더불어 껑충껑충 뛰어오름을 느낍니다.

스포츠 전문채널이 있는 21세기 초반인 현재 마음만 먹으면 언제든지 경기장에서 현장의 열기를 느낄 수 있는 시대에 살고 있지만 코로나19로 인해 응원도 마스크 쓰고 소리 지르지 말라는 방송안내를 들으며 박수만 치는 시대가 길어지고 있다는 것을 기록으로 남기고자 합니다.

제가 놀아본 놀이 중에서 가장 좋은 효과적인 놀이는 식물과의 놀이라고 생각합니다. 어린이나 어른 또는 온 가족이 모두 함께 또는 각자 놀 수 있는 좋은 놀이도구로 식물 화분을 추천합니다.

식물과 잘 놀아보니 살아 있는 생명이 있는 것들 중에 식물 화분보다 더 좋은 놀이도구가 없었습니다. 놀고 싶을 때 놀고 놀기 싫으면 며칠씩 밀어두어도 별 탈이 없기 때문에 누구에게 구속받지 않고 맘 내키는 대로 놀 수 있어서 매우 편한 놀이입니다.
식물과의 놀이야말로 시간 가는 줄 모르는 천상의 놀이라는 생각이 들었습니다.

여건상 자연 상태나 숲이 우거진 산속에서 또는 복숭아꽃 살구꽃이 만발한 꽃 속에서 꽃놀이만 즐기며 살 수 없는 우리들은 좋아하는 한 그루의 식물이라도 화분에 심어 곁에 두고 식물과 벗삼아 식물과 함께 놀면 식물에게 저절로 배울 수도 있으며 위안을 받기도 하는 참 좋은 놀이입니다.

좋아하는 꽃이 피어 있는 화분이나 원하는 식물을 곁에 두고 들여다보면서 가끔 향기를 맡고 물도 주고 정성이 들어간 식물의 새싹이 얼마나 예쁜지 느껴도 보고, 꽃이 필 때의 기다림 속의 감동도 느끼고, 녹색의 잎을 바라보며 눈의 피로도 풀어주는 일석

이조가 아닌 일석무한대인 좋은 놀이입니다.

예를 들어 작은 화분에 딸기 모종을 심어놓고 꽃이 피고 지는 과정과 열매가 맺혀 딸기가 빨갛게 익어가는 모습을 지켜보면서 식물에게 사랑과 정성도 쏟아보고 비록 작고 울퉁불퉁 보잘것없이 익은 딸기이지만 손수 따서 맛을 보는 기쁨과 사랑하는 사람의 입에 넣어주는 행복감에 젖어 보기도 하는 이런 좋은 놀이가 또 어디 있을까요.

이렇게 식물과의 놀이는 가족 간의 대화도 늘어나게 되고 관찰도 할 수 있으며 분갈이도 해주고 먼지 쌓인 잎도 닦아주고 떨어진 꽃잎도 주워버리고 사진도 찍어서 친구에게 보내주고 친한 친구와 식물에 대해 대화도 나누고, 식물이 자라면 포기를 나누거나 꺾꽂이를 해서 친구에게 식물을 선물 해주기도 하고, 선행경험을 통해 식물이 잘 자라는 방법을 가르쳐 주기도 하고, 선물한 식물이 잘 자라고 있는지 친구 집도 방문해 보는 등 식물과 잘 놀면 정말 많은 일이 일어난답니다.

경험상 식물과 잘 놀다 보면 식물이 자라는 만큼 생각하는 힘도 커지고 잎이 크고 넓어지는 것처럼 사고의 폭도 점점 넓어지므로 식물과의 놀이를 적극 추천합니다.

특히 삶에 지치고 마음을 다친 분들이나 코로나 사태로 피폐해진 분들께서 식물이 내뿜는 신선한 공기를 마시며 식물 곁에서 푹 쉬고 있노라면 식물에게서 생각지도 못한 커다란 위안을 받으실 수 있을 것입니다. 식물들이 빼곡하게 들어찬 숲속에서 산림욕을 즐기실 수 있었으면 정말 좋겠습니다.

저는 코로나 사태로 인해 꼼짝없이 사회적 격리를 실천해야 했던 2019년부터 집안의 화분 식물과 친밀하게 놀면서 《식물에게 배우다》라는 책을 한 권 집필했습니다. 여러분들께서도 식물과 놀다 보면 책은 물론 논문 한 편을 뚝딱 쓰게 되고 탐구력이 증대될 것이 분명합니다.

이렇게 식물과 잘 놀다 보면 시간 가는 줄 모르고 신선놀음 꽃놀이에 빠지게 됩니다. 식물과 함께 노는 시간은 일주일, 한 달, 일 년이 평소보다 빨리 지나가는 천상의 시간 같은 느낌입니다. 제 말이 맞는지 식물을 직접 키워보시면 공감하게 되실 겁니다.

어서 밖으로 나가셔서 풀밭 위를 달려보시기 바랍니다. 인조잔디에서의 느낌과는 전혀 다른 식물들의 반가운 몸짓 인사를 받을 수 있을 것입니다.

이름 모를 작은 들꽃이 피어 있거든 확대해서 사진도 찍어 보셔요. 핸드폰 앞면을 장식해 줄 멋진 사진이 되어 바라볼 때마다 기분이 좋고 자신의 작품이라 더욱 정이 갈 겁니다.

가끔 밤샘 작업을 하고 안방과 거실 커튼을 열어젖힐 때 창밖에 비춰지는 녹색 식물들과 나누는 인사는 하루 일과를 행복하게 여기는 성스러운 축복 의식이라는 생각이 듭니다.

아름다운 꽃부터 연둣빛 새싹 잎들과 여름의 벚나무 잎이 우거

경험 놀이마당

진 시원한 녹음, 가을의 정열적인 단풍, 흰 눈이 소복이 내려앉은 나뭇가지 등으로 사계절 내내 햇살에 빛나는 식물들과의 아침 인사는 제가 식물과 노는 놀이 중의 정점이라고 할 수 있습니다.

하루하루 성장해 가는 식물들을 고개만 돌리면 창밖 아파트 정원에서 매일 볼 수 있는 것도 매우 감사한 일입니다.

화사한 벚꽃이 지는 건 안타까워하면서 벚나무 초록 잎 순이 돋아나는 걸 기쁘게 받아들이는 사람들을 본 적이 없습니다. 이렇게 크게 환영받지 못하고 아쉬움을 간직한 채 태어나는 벚나무 잎이지만 무럭무럭 자라 제법 큰 가지를 뻗고 잎이 무성한 것이 참으로 대견합니다.

작년엔 아파트 정원의 넝쿨 장미가 흐드러지게 피어 향기가 절정을 이루던 날 달콤한 향을 그냥 흘려보내기 너무 아까워 대학교 후배 선생님을 초대해 마스크 쓰고 산책하는 추억을 만들었습니다.

2021년 5월 5일 어린이날인 오늘 아침 일곱 시 무렵의 정원은 어제 비 온 뒤의 상큼함이 더해져 정원수들이 활기가 넘치며, 한 뼘 더 자란 것 같은 성숙미를 풍기며 반가운 햇살과 만나 바람에 살랑살랑 흔들리고 있습니다. 당장 달려나가 식물들과 가까이서 눈 맞추며 산책을 즐기고 싶지만 아침 식사 준비가 늦어 마음뿐입니다.

과거엔 6월을 신록의 계절이라 표현했는데 저렇게 풍성하게 우거진 나뭇잎들을 보니 이젠 5월로 바꾸어야 될 것 같습니다.

이렇게 지구 온난화는 사람들의 생활 패턴뿐만 아니라 사람들의 사고과정까지도 모두 바꾸는 날이 올지도 모르는, 우리의 생각보다 더 끔찍한 일들이 초래될 수도 있겠다는 생각이 듭니다.

코로나가 어느 날 갑자기 우리들에게 들이닥쳤듯이 숲속을 거닐며 식물과 눈인사 하고 있거나 화원에서 식물 화분을 고르고 있다가, 또는 식물에 물을 주고 있는 등 식물과 함께 놀고 있는 순간의 어느 날 갑자기 코로나가 물러갔다는 소식을 들었으면 좋겠다는 상상을 가끔 합니다.

이렇게 식물과의 놀이는 점점 확대되어 책을 쓸 수 있을 정도로 형이상학적으로 만드는 창작놀이가 될 뿐만 아니라 상상 놀이로 발전하게 되므로 창의적인 놀이며 희망적인 놀이이기도 합니다.

경험 놀이마당

　요즘은《식물에게 배우다》원고를 넘기고 출판인쇄 중이라 일
주일 내내 마음의 여유를 갖고 시간 나는 틈틈이 아파트 정원에
나가 걷고 뛰는 운동을 하고 있습니다.

　짜임새 있는 정원사의 전문가적인 손길이 느껴지는 보기 드문
다수의 수종을 보유하고 있어 나무만 보고 걷기에도 재미있습니
다. 그런데 요즘은 땅 위의 작은 야생화나 풀꽃들이 유난히 눈에
들어옵니다. 자세히 살펴보니 초록 잎 모양이 가지각색이며 그중
에서도 유난히 하트 모양 잎들이 눈에 들어왔습니다.

　며칠간 하트 모양의 식물 잎을 눈에 담고 걸으며 사색을 하다
가, 보면 볼수록 재미있어 작정하고 3일 동안 아파트 정원을 크
게 돌면서 구석구석에 있는 하트모양의 식물들을 적극 찾아다녔
습니다. 사방에 하트모양이 널려 있었습니다.

　이렇게 위치를 파악해 놓은 뒤 장마가 시작되기 전에 서둘러
아파트 정원 곳곳에서 찾아놓았던 사랑을 스마트폰 앨범에 담았
습니다.

　'이렇게 현실에서의 사랑도 열심히 찾아다니며 적극적으로 노
력했더라면 조금은 달라졌을까?' 하는 생각도 잠시 하면서 하루
종일 사랑 찾기 놀이를 했습니다.

　현실의 사랑만큼이나 식물의 하트 모양도 다양해 여러 종류의
사랑으로 나눌 수 있었습니다.

산딸나무의 어린잎은 하트 모양이 나란히 두 장씩 붙어 있어 균형감 있는 사랑이 돋보였으며, 돋는 사랑 움트는 사랑은 식물에서도 역시 아름답고 예쁘다는 것을 느꼈습니다.

하늘이 내린 사랑이라는 꽃말의 비비추(옥잠화)잎의 하트 모양은 어쩌나 그 잎맥이 가지런하고 선명한지 고귀해 보여 누군가 이름을 참잘 지어주었다는 생각이 들었습니다.

바닥에 떨어지고 바람에 흔들리며 움직이는 하트 모양의 나뭇잎을 보면서 사람도 자연의 일부인 만큼 자연 속의 식물이 표현하고 있는 각양각색의 사랑만큼이나 다양한 사랑이 있음을 자각하게 되었고, 혹시나 누군가가 자신의 사랑이 흔들리고 있거나 찢어진 사랑이라고 해서 슬퍼하거나 노여워할 필요가 없으며, 그들도 자연처럼 자연 속에서 자연스러운 자연 같은 사랑을 하고 있는 중이라는 생각도 하게 되었습니다.

자연 속에는 벌레 먹은 하트 모양 잎도 있었으며, 줄기에 하트 모양 잎이 어긋나게 붙어 있는 어긋난 사랑도 보이고, 누군가 키우다 버린 듯 외진 나무 밑에서 자라고 있는 보랏빛 사랑초 잎도 하트 모양이라 버려진 사랑으로 보였지만 여전히 참 예뻤으며, 메꽃이 피는 잎은 하트 모양이 변형되어 모난 사랑으로 생각했고, 잎가가 뾰족뾰족한 담쟁이덩굴 하트 모양 잎에서는 뾰족한 사랑을 보았습니다.

경험 놀이마당

심지어 노란색 작은 꽃이 피는 괭이밥 잎은 선명한 하트 모양이 세 장이나 조화롭게 붙어 있어 꽃 모양을 이루고 있으니 꽃피는 사랑이라고 제 마음대로 이름을 붙이며 놀았습니다.

토란잎도 매우 커다란 하트 모양이라 넉넉한 사랑으로 이름 붙여보았고 이름 모를 덩굴 식물의 하트 모양 잎은 짝사랑으로 나름 해석했습니다.

찢겨 있거나 흙이나 새똥이 묻어 있는 하트 모양 잎은 오염된 사랑으로 표현하니 사랑 찾기 놀이는 점점 재미있어졌습니다.

우리 집 거실의 몬스테라 잎은 매우 커다란 하트 모양으로 경우에 따라서 잎이 스스로 알아서 위치를 바꾸기도 하는 현상을 한 달 내내 목격했으니 필요에 따라 움직이는 사랑의 마술사라 해둘까 하는 생각에 이르자 이 아파트 정원에서의 사랑 찾기 놀이는 실내에 들어온 밤까지 계속 이어졌습니다.

'당신을 따르겠습니다'의 꽃말을 가진 금낭화(며느리밥풀꽃)의 하트 모양 꽃을 보며 줄줄이 내리사랑을 떠올렸고, 안스리움은 잎과 꽃받침 모양이 모두 하트 모양으로 구성되어 있어 찐 사랑 무조건 사랑이라고 명명하고 싶었습니다.

더 찾아서 검색해 보니 그 밖의 화원에 있는 호야 캐리 하트 선인장에서는 인위적인 사랑을, 화이트퀸 갈라디움 빨간색 줄무늬에서는 신비한 사랑을 느꼈으며, 시클라멘의 하트 모양 잎과 살포시 포개진 진분홍 하트 꽃잎에서는 동글동글 원만한 사랑을 고이 접어 간직해야 할 것만 같았습니다.

사랑의 종류도 여러 가지 각양각색임을 자연 속에서 하트 모양 잎을 찾아 놀며 배우면서 떠오르는 느낌과 생각을 정리하면서 시사점을 찾을 수 있었습니다.

이렇게 중년의 오늘은 확산적 사고를 하며 정원에서 사랑 찾기 놀이를 하며 웃음 짓는 행복을 만들었습니다.

❦ ❦ ❦ 놀이마당 132 자연에서 놀기

어려서부터 자연에서 뛰어놀았고 중년이 되어보니 어린 시절을 자연에서 뛰어놀 수 있었던 것은 저에게 정말 행운이었고 억만금의 재산을 물려받은 것보다 더 소중하고 값진 유산이라는 것을 깨닫게 되었습니다.

자연이 인간에게 얼마나 큰 선물인지 잘 알기에 다시 시간적 심적 여유가 생겨 들로 산으로 달려나가고 싶지만 최근 3년째 꾹 참고 있는 중입니다.

2021년 7월 13일 11시 35분 현재 코로나 19 실시간 상황판을 보면 전 세계적으로 221 발생 국가에서 1억 8,800만 명이 훨씬 넘는 확진자와 405만 7,668명의 사망자 및 격리해제자와 검사 중인 사람들. 검사 결과가 음성인 사람들, 백신 접종자가 몇 명인지

경험 놀이마당

등이 상세하게 뜨고 있으며 여전히 모두가 코로나 팬데믹 현상으로 고통받고 있습니다.

각국에서는 입국제한이나 입국 금지 조치, 격리 조치, 검역강화 등의 코로나와의 전쟁 중에 있으며 우리나라에서도 2주간 수도권 4단계 거리두기를 시행하고 있으므로 인적이 드문 새벽에 마스크 쓰고 아파트 정원에 나가 걷고 뛰며 식물과 놀다 들어오는 것으로 코로나로 지친 몸과 마음을 위로받고 있습니다.

대자연의 품에 안겨 숲 체험을 하고 동호회원들이나 친구들과 삼삼오오 짝을 지어 마음 놓고 등산을 즐길 수 있으며 목표를 정해 트레킹을 즐기기도 하며 암벽과 빙벽을 기어오르고 계곡이나 강에서 래프팅을 하며 급류를 타고 놀기도 하고, 때로는 요트나 수상스키를 즐기며 호수와 바다를 누비고 싶습니다.

꽁꽁 언 호수 위에서 칼바람을 맞으며 산천어도 잡아보고 코가 빨개지도록 스케이트와 눈썰매를 타고, 스키를 타며 발아래 펼쳐진 설원을 감상하고 싶습니다.

스노보드를 타다 설원에 나뒹굴던 그때가 정말 행복한 시대였다는 것을 코로나 이후의 시대를 준비하면서 더욱 실감하게 됩니다.

휴가 기간엔 휴양림이나 자연이 만든 세계적인 명소에 가서 장기간 자연의 품에서 놀다 오는 등 하고 싶은 자연 속에서의 놀이는 무궁무진합니다. 이렇게 예전의 일상으로 다시 돌아가는 상상만으로도 행복한 놀이가 됩니다.

가까이는 한강 잔디밭에 앉아서 시원한 강바람에 땀을 씻는 야유회부터 멀리 히말라야 등반까지 각자의 방식대로 예전처럼 자연 속에서 마음 놓고 잘 놀 수 있었으면 좋겠습니다.

　어서 코로나19와의 전쟁이 끝나 고통받고 상처받으신 모든 분들께서 자연 속에서 맘껏 뛰어놀면서 자연에게 위로받고 자연에서 치유될 수 있었으면 정말 좋겠습니다.

　다행히 아파트 정원 숲과 계곡이 잘 조성되어 있어 바위 위에 앉아서 놀기도 하고 낮에는 어쩌다 인공폭포와 분수대 주위를 걸으며 나무그늘에서 놀기는 하지만 대자연 속에서의 놀이만큼 감흥이 나지 않습니다.

　하루빨리 코로나가 안정이 되고 사라져서 마스크 집어 던지고 대자연 속에서 맘껏 뛰어놀 수 있는 날을 손꼽아 기다립니다.

　어쩌면 우리는 코로나 이후의 시대에 마음 놓고 안전하게 놀 수 있는 놀이를 준비해야 할지도 모를 일입니다.

　인간의 활동을 억제하지 않고 활발하게 신체를 움직일 수 있는 재미있는 놀이들이 많이 개발되어 인류의 건강한 심신 발달을 꾀할 수 있도록 좋은 놀이 공간이나 좋은 놀이 기구의 개발이 시급하다고 봅니다.

　앞으로 새로 짓는 아파트의 정원을 계획적인 자연 숲 체험장이나 자연 놀이 공간으로 만들어 남녀노소 누구나 입주민들이 마음 놓고 맘껏 자연 속에서 즐기고 놀 수 있는 자연놀이 공간을 조성하는 방향으로 법제화하는 것도 코로나 이후의 시대를 준비하는

경험 놀이마당

정치가 될 것 같습니다.

또한 눈이나 머리에 쓰기만 하면 피톤치드가 나오고 좋아하는 음악과 꽃향기를 선택할 수도 있고 마치 숲속을 거닐거나 호수와 바다 위를 달리는 듯한 가상현실 세계에 쉽게 접근할 수 있도록 사용방법이 편리하고 크기도 휴대하기 간편한 놀이용 선글라스가 개발된다면 어떨까 하는 생각도 일종의 상상 놀이라 할 수 있겠습니다.

끝으로 포스트 코로나 시대에도 자연 속에서 평화롭게 마음 놓고, 편하게 맘껏 뛰어다니며 놀 수 있게 되길 두 손 모아 간절히 기도합니다.
아울러 이렇게 자연에서 놀면서, 앞으로 대자연 속에서는 어떤 새로운 것들을 배우면서 놀 수 있게 될지 기대되므로 희망이 있어 힘든 코로나 시대에도 감사하는 마음으로 소소한 행복을 만들며 살아가려 합니다.

♣♣♣ 놀이마당 133 찻자리 만들기 놀이

평생 참 잘 놀았고 앞으로도 놀 일은 많겠지만 제 로망이자 마지막으로 하고 싶은 놀이는 좋은 찻자리를 함께 만드는 것입니다. 모처럼 시간적 여유가 있어 몇 번 시도하려 했으나 코로나19로 세계보건기구의 팬데믹 선포 상태까지 이르다 보니 매번 미룰 수밖에 없었습니다.

20년 전 교사 재직 시 풍경 소리에 이끌려 들어간 절에는 비구니스님 두 분이 살고 계셨으며, 스님께서 손수 우려주신 차 맛이 너무 좋아 가끔 들리곤 했었습니다.

찻자리에서 가끔씩 던져주시는 화두는 삶의 윤활유가 되었으나 이러한 행복도 6개월 남짓밖에 허락되지 않았습니다.

삶은 그리 녹록하지 않았고 서울로 이사 오면서 절에 갈 수 없게 되자 오로지 혼자서 차 마시며 끓어오르는 잡념을 잠재웠으며, 힘든 삶 속에서도 찻자리에서 주신 스님의 화두 덕분에 마음 공부를 하려고 노력해 왔으며 감사하게도 다시 제 마음속의 평화가 찾아왔습니다.

스님께 배운 찻자리를 이제는 지인과 함께하는 좋은 찻자리를 만들어 정성껏 베풀고 싶습니다.

좋은 사람들과 친구들 혹은 가족과 함께 날씨가 너무 좋아서,

비가 와서 아니면 브룬펠시아 재스민이 흐드러지게 핀 날 향기를 공유하기 위해서 등등의 갖은 이유를 붙여 좋은 찻자리를 만들고 싶습니다.

 무료하거나 상처받거나 삶에 지친 날에도 좋은 찻자리를 만들어 함께 달아나는 행복을 붙잡고 새로운 행복한 시간들을 공유하고 싶습니다.
 때로는 차명인 친구가 우려주는 명품 찻자리를 우리 집 거실에서 펼치기도 하고, 친구들과 함께 아파트 정원이나 아름다운 숲에서, 차방이나 프랜차이즈 카페에서 시간적 여유를 가지고 부담 없이 멋진 찻자리를 만들어 놀 수 있는 날을 손꼽아 기다립니다.

 제 노년의 마지막 놀이의 로망은 경제적 부담 느끼지 않고 이렇게 수시로 언제든지 좋은 분위기의 멋진 찻자리를 만들어 소중한 지인들과 함께 여유로운 삶을 공유하고 베푸는 보통사람의 평범한 삶입니다.
 비록 기력이 쇄진한 노년일지라도 아프신 분이나 소중한 분들과 함께 좋은 찻자리에서 수시로 좋은 차를 대접해 드리면서 육체적으로나 심적으로 죽는 날까지 베풀 수 있는 삶을 살 수만 있다면 세상에 태어나 한바탕 잘 놀다 가는, 끝까지 잘 놀다가는, 이만하면 잘 살다가는 삶이 아니겠는지요?

이와 같이 모두 133 종류의 놀이 경험 사례를 한곳에 정리해 놓고 보니 놀이가 계절에 따라 달라졌고 기후의 변화에 따라 놀이문화도 달라졌다는 것을 알 수 있었습니다.

특히 놀이의 종류나 놀이 기구는 자연환경과도 밀접한 관계가 있다는 것을 알 수 있었으며 또한 놀이하는 상대의 신체 발달 정도나 놀이 경험 수준에 따라서도 놀이 방법이나 약속이 달라지고, 놀이의 용어도 시대에 맞게 변한다는 것을 알게 되었습니다.

무엇보다도 어린이들의 놀이는 생활 자체를 놀이로 만들어서 즐거움을 추구하고 놀이를 통해 지혜와 더불어 긍정적인 많은 것들을 배운다는 새로운 사실을 알게 되었으며 이것은 놀이의 개념과 가치에 대한 좋은 학문적인 수확이 되었습니다.

어린이들은 심부름도 놀이로 만들고, 땔감으로 쓸 솔방울 줍는 일도 놀이로 만들며, 아무것도 아닌 것을 재미있는 놀이로 만드는 등 삶 자체를 놀이로 만드는 매우 특별한 재주가 있다는 것도 알게 되었습니다.

책으로 놀고 성인이 되어서도 식물과 자연에서 놀면서 창작활동으로 이어져 책을 쓰게 되는 이러한 저자의 경험 놀이 사례를 통해서 놀이가 문화에 영향을 주고받는다는 사실을 이젠 명확하게 이해할 수 있을 것입니다.

1938년에 이미 하위징아의 놀이에 대한 심도 있는 연구 결과가 저서로 발표 되었고, 문화의 놀이요소의 규정에 대한 시도《호모 루덴스》를 읽고 유희의 인간을 뜻하는 호모루덴스의 개념을 이해 하고 있었던 제가 하위징아의 놀이 연구로부터 83년이나 지난 지금 '놀이에 대한 가치'를 전달하고자 운운하고 있는 것이 조금 부끄럽긴 하지만 박사과정 때부터 풀어놓고 싶었던 놀이 경험 보따리를 이제라도 풀 수 있어 감사하고 커다란 숙제를 해낸 듯해 마음이 한결 홀가분합니다.

　　마치 힘껏 뛰어놀고 난 뒤 가을바람에 스치는 땀의 체감온도와 비슷하다고나 할까, 뭐 그런 느낌입니다.

　　어릴 적 놀이 경험이 놀이에 관한 정신적인 창작활동을 통해 이제《놀이로 배우다》라는 결과물을 내놓게 되었으니, 이 책은 하위징아가 말한 호모루덴스는 놀이의 인간으로 놀이에 그치지 않고 정신적인 창조활동으로 이어진다는 증거 자료가 되는 셈입니다.

　　저는 달맞이를 하며 토끼가 절구방아 찧는다는 전설을 떠올렸고 우리 엄마 더 이상 고생시키지 않도록 빨리 커서 어른이 되게 해달라고 소원을 빌었지만 우리 어린이들은 달에 가서 어떤 놀이를 즐길 수 있을지를 상상했으면 좋겠습니다.

닫는 글

이《놀이로 배우다》는 어릴 적 잘 놀았던 추억을 소환해 꾸밈없이 그대로 옮겨 놓았기 때문에 책을 쓰는 내내 별다른 고민 없이 단숨에 써 내려갈 수 있었습니다.

놀이 하나를 추가해서 쓸 때마다 마치 한 가지 놀이를 한 듯이 심장 박동이 올라가고 몸이 따뜻해지는 경험을 했습니다. 추억 속에서 경험 놀이 133 종목을 모두 되새김질해 놓고 나니, 놀이를 통해 삶의 모든 가치 있는 것들을 배웠다는 생각도 들었습니다.

초등학교 들어가기 전부터 중학교 들어가기 전까지의 신나는 놀이의 추억과 열 명의 조카들을 데리고 놀았던 추억, 결혼해 두 아들과 함께 놀아주었던 행복했던 시간들을 소환해서 놀이에 대한 글을 쓰는 한 달 동안은 수십 년 동안 놀았던 놀이를 재현해서 단 한 달

안에 다시 실컷 놀 수 있었던 색다른 가상현실 속의 놀이 경험이었습니다.

　코로나19로 인해 급한 볼일을 제외하곤 집안에 갇혀 한 달 동안 오로지 먹고《놀이로 배우다》만 썼으며, 밤낮으로 놀이만 생각하다 보니 글을 쓰면서도 놀이를 하고 있는 것만 같은 착각 속에 빠져서 마음이 붕 떠 있어 잠이 잘 오지 않았던 것만 제외하고는 신나는 글쓰기 놀이를 한 것이나 마찬가지였습니다.

　만일 이 글을 어린이들이 읽는다면 가장 짧은 시간 내에 133종류의 놀이를 한 것이나 마찬가지일 것이며 놀면서도 무엇인가를 배우고 있다는 것을 자각하게 될 효과가 있을 것이라는 예상을 합니다.

　이 책은 꼭 교육전문가가 아닐지라도 초보 엄마나 아빠가 아이와 놀아줄 때나 부모가 자녀와 친해지고 싶은 분들께서 읽으시고 참고하셨으면 좋겠다는 생각으로 내용을 구성했습니다.

　아마도 제 놀이 경험 사례를 읽고 나면 놀이에 대해서 쉽게 접근할 수 있을 것이며 각자의 놀이 환경에 맞게 응용해서 좀 더 잘 놀 수 있는 방향으로 활용할 수 있으리라 생각됩니다.

　우리나라는 사계절이 있어 의식주 문화뿐만 아니라 놀이문화도 다양하게 발달되었습니다. 저의 놀이 경험 사례를 통해서 주변의 모든 사물들이 놀이가 될 수 있다는 것도 알았습니다.

어떠한 신체 움직임이나 도구를 통해 웃을 수 있고 재미있으면 놀이가 될 수 있다고 생각합니다.

이 책의 특징은 기존의 놀이 관련 서적과는 차별되는 저자만의 놀이 경험을 통하여, 마치 한 여성 스포츠인류학자가 어느 마을에 수십 년 동안 살면서 어린이들의 놀이 세계에 직접 참여해서 놀이 경험을 통해 성장해 가는 놀이 중심 세계를 기록한 것이나 마찬가지인 사실을 바탕으로 한 놀이 경험 중심의 책입니다.

놀이하기 전의 마음 상태나 놀이도구를 준비하는 과정, 그리고 저자의 놀이할 때의 마음의 상태나 놀이하고 난 후의 기분, 그 놀이가 훗날 삶에서 어떠한 영향을 미쳤는지에 대해서 등, 어린 시절 경험했던 놀이에 대한 있는 그대로를 사실에 입각해 기록하려고 최대한 노력했습니다.

스포츠 인류학적 시선으로 접근해 이 책을 쓸 수 있었던 이유는 저자가 박사과정에서 스포츠사를 전공했고 스포츠 철학에 관심을 갖고 다년간 스포츠 인류학회 활동을 했으며 민속학 공부와 함께 질적 연구에 관심이 있었기에 가능했다고 생각합니다.

그러나 전국에서 자랑할 만한 뛰어난 자연경관을 가진 특수성을 지닌 아름다운 곳에서 어린 시절을 보냈으며, 그곳에서 또래 아이들보다 유난히 활동적으로 놀이를 했으므로 보편적이라고는 말할 수 없겠지만 그 시대 그 시절의 놀이 경험이 후대에 잊혀지지 않도록 자세하게 기록물로 남기는 작업 또한 소중한 일이라고 판단되기에 놀이의 주인의식을 담아내려고 노력했습니다.

어린이집 원장 친구의 놀이 관련 자료집의 필요성에 대한 요구를 듣고 계획보다 조금 앞당겨 출간하게 되었으며, 아무쪼록 이 책이 세상에 나가서 자라나는 어린이들이 행복한 놀이 속에서 동심을 싹 틔울 수 있는 마중물 역할이 될 수 있길 기도합니다.

인쇄가 지연되는 동안 기억난 놀이와 최근 경험한 놀이도 몇 가지 추가하면서 즐거웠습니다.

놀이가 인생에서 얼마나 중요한지를 집필을 통해 확인하면서 앞으로도 더 잘 놀아야겠다는 생각을 하지만 잘 논다는 것이 어른의 세계에서는 그렇게 쉽지 않다는 생각도 듭니다.

그러나 《놀이로 배우다》를 통하여 우리 소중한 어린이들에게 자연과 더불어 신나는 놀이 경험의 행복한 추억을 만들어 주고, 여러분께서도 133종류 그 이상의 경험 놀이를 통해 가상현실 속의 놀이 체험으로 대리만족을 느끼신다면 정말 기쁠 것 같습니다.

2021년 7월 18일
놀이하는 저자 최미애

놀이
　　로
배우
다

초판 1쇄 발행 2021. 10. 23.

지은이 최미애
펴낸이 김병호
편집진행 임윤영 | **디자인** 양헌경
마케팅 민호 | **경영지원** 송세영

펴낸곳 주식회사 바른북스
등록 2019년 4월 3일 제2019-000040호
주소 서울시 성동구 연무장5길 9-16, 301호 (성수동2가, 블루스톤타워)
대표전화 070-7857-9719 **경영지원** 02-3409-9719 **팩스** 070-7610-9820
이메일 barunbooks21@naver.com **원고투고** barunbooks21@naver.com
홈페이지 www.barunbooks.com **공식 블로그** blog.naver.com/barunbooks7
공식 포스트 post.naver.com/barunbooks7 **페이스북** facebook.com/barunbooks7

· 책값은 뒤표지에 있습니다. **ISBN** 979-11-6545-518-7 03190

· 파본이나 잘못된 책은 구입하신 곳에서 교환해드립니다.

바른북스는 여러분의 다양한 아이디어와 원고 투고를 설레는 마음으로 기다리고 있습니다.